# FY STORI FAWR
## Arall

*I Teilo a Llywelyn,*
*ac er cof am fy rhieni,*
*Ethni a Michael*

# FY STORI FAWR Arall

**Profiadau dirdynnol 12 o newyddiadurwyr**

Golygydd: Gwenfair Griffith

Argraffiad cyntaf: 2025

© Hawlfraint Y Lolfa Cyf. a Gwenfair Griffith, 2025

Mae hawlfraint ar gynnwys y llyfr hwn ac mae'n anghyfreithlon i lungopïo neu atgynhyrchu unrhyw ran ohono trwy unrhyw ddull ac at unrhyw bwrpas (ar wahân i adolygu) heb gytundeb ysgrifenedig y cyhoeddwyr ymlaen llaw

Dymuna'r cyhoeddwyr gydnabod cymorth ariannol
Cyngor Llyfrau Cymru

Rhif Llyfr Rhyngwladol: 978 1 80099 702 8

Cyhoeddwyd, rhwymwyd ac argraffwyd yng Nghymru gan
Y Lolfa Cyf., Talybont, Ceredigion SY24 5HE
*gwefan* www.ylolfa.com
*e-bost* ylolfa@ylolfa.com
*ffôn* 01970 832 304

# CYNNWYS

Rhagair     7
GWENFAIR GRIFFITH

Cymro ola'r pentre     13
RACHAEL GARSIDE

Rhyw am rent     23
SIÔN JENKINS

Achub bywyd     36
HELEN LLEWELYN

Sigo'r ddaear     49
RHODRI LLYWELYN

Trychineb Glofa'r Gleision     66
MAI DAVIES

Llofruddiaeth ar fis mêl     76
ALED SCOURFIELD

Holi Prif Weinidog     85
ANDY BELL

| | |
|---|---|
| Clwy'r traed a'r genau<br>NIA THOMAS | 92 |
| Gobaith yn y pandemig<br>ELEN WYN | 108 |
| Cynllwyn yr heddlu<br>VAUGHAN RODERICK | 118 |
| 'Ysbïwr' o Fôn<br>ANNA-MARIE ROBINSON | 134 |
| Un o nosweithiau gwaethaf fy mywyd<br>RHYS WILLIAMS | 144 |
| Diolchiadau | 161 |
| Y Gohebwyr | 163 |

# RHAGAIR

## Gwenfair Griffith

Os wyt ti wedi codi'r llyfr 'ma i chwilio am stori dda, rwyt ti wedi codi'r llyfr iawn. Mae deuddeg stori ddifyr fan hyn byddi di'n falch dy fod wedi eu darllen.

Mae'r casgliad wedi'i seilio ar gyfres radio ar BBC Radio Cymru, *Fy Stori Fawr*, ac wedi'i ysbrydoli gan fy hoffter i o ddarllen bywgraffiadau gohebwyr.

I fi, mae newyddiadurwyr yn bobl sy'n gwneud swydd ddifyr, yn cwrdd â phobl wahanol ac yn mynd i lefydd lle mae digwyddiadau diddorol ar draws y byd.

Rwy'n deall os wyt ti'n un o'r rhai sy'n meddwl bod well gen ti droi bant oddi wrth y newyddion. Mae'n *depressing*, mae'n ddiflas. Rwy'n deall. Ond dyw'r llyfr yma ddim yn ddiflas, rwy'n addo!

O wylio gweithiwr rhyw wrth ei gwaith i ddelio â bod yng nghanol 'twitter storm' ar ôl torri stori leol, o gael ei herwgipio yn Gaza i wylio parafeddygon awyr yn achub bywydau o flaen ei llygaid, a chuddio rhywioldeb ar adeg pan oedd bod yn newyddiadurwr hoyw yn annerbyniol, mae'r gohebwyr yn y gyfrol hon yn rhannu profiadau personol a phroffesiynol fydd yn dy synnu a dy swyno.

Fe ges i gais i fynd ar raglen *Dros Ginio* ar BBC Radio Cymru yn ddiweddar i drafod y ffaith bod gan lawer llai ohonon ni ddiddordeb mewn newyddion. Dyw e ddim yn drend newydd, yn anffodus. Ers o leiaf ddegawd, mae mwy a mwy o bobl yn osgoi newyddion. Mae'r trend ar ei fwyaf amlwg ymhlith pobl ifanc. Yn ôl Sefydliad Ymchwil Reuters roedd gan 55% o bobl ifanc rhwng 18 a 24 oed ddiddordeb yn y newyddion yn 2014. Erbyn 2024, dim ond 33% o bobl ifanc o'r un oed oedd â'r un farn.

Wrth gwrs, roedd y pandemig Covid-19 yn gyfnod brawychus. Roedd troi'r newyddion mlaen i weld nifer y meirw yn cynyddu yn ddyddiol yn ddigon i arswydo unrhyw un, heb sôn am y rhyfel yn Wcráin, y tanau yng Nghalifffornia ac Awstralia, y llifogydd yn Japan, y ffocws ar ddioddefaint pobl Ddu a menywod yn America wedi i George Floyd gael ei ladd a nifer o ddynion amlwg gael eu cyhuddo fel rhan o fudiad #Metoo.

Ers hynny, mae mwy a mwy ohonon ni'n diffodd y newyddion pan ddaw ar y radio, yn switsho'r sianel, neu'n sweipo bant wrth sgrolio. Mae'r holl newyddion am lygredd gwleidyddol, problemau newid hinsawdd, rhyfeloedd a chamymddwyn dros y byd yn gallu bod yn llethol. Newyddiadurwyr sy'n dod â'r newyddion drwg 'ma i ni, ac mae'n hawdd meddwl ein bod ni wedi cael digon ar newyddiadurwyr hefyd.

Ar ben hyn, mae AI yn rhan o'r cyfan bellach ac mae'n hawdd cael ein twyllo gan nid yn unig newyddion ffug, cam wybodaeth a thwyll wybodaeth ond hefyd gynnwys sydd wedi'i greu yn gyfan gwbl gan ddeallusrwydd artiffisial – heb unrhyw arwydd mai AI yw'r ffynhonnell.

Mae algorithmau cyfryngau cymdeithasol wedi newid, gan olygu bod rhywbeth roedden ni'n arfer amau oedd yn wir ers blynyddoedd, bellach bendant yn wir. Mae llwyfannau fel Meta yn bwrpasol yn osgoi gosod cynnwys newyddion yn ein ffrydiau cyfryngau cymdeithasol. Ym mis Ionawr 2025, cafodd y cwmni wared ar 'wirwyr ffeithiau' – cam ddaeth wrth i'r dyn sy'n hoff o 'alternative facts' ddod 'nôl i rym yn y Tŷ Gwyn, Donald Trump. Mae llwyfannau fel X, dan ofal Elon Musk, wedi troi'n Wild West o lwyfan ar gyfer cecru, dwli a chasineb. Mae 'na arwyddion fod Facebook yn cyfeirio mwy o draffig at wefannau newyddion ar ôl gostyngiad sylweddol yn 2024. Ond mae'r BBC a'r *New York Times* ymhlith y gwefannau newyddion sy'n dal i brofi llai o ymwelwyr yn dod atyn nhw o Facebook.

Ar ôl dweud yn y gorffennol ei fod yn erbyn cynnwys 'gwleidyddol' ar lwyfan Instagram, dywedodd y pennaeth yn 2025, Adam Mosseri, bod cynnwys sydd â logo amlwg yn cael ei anffafrio gan yr algorithmau,

"If you post on Instagram and there's a watermark on your reel or on the content, that will be ranked lower in the feed."

Wrth gwrs, mae logo yn rhan bwysig o frandiau newyddion. Yn draddodiadol mae wedi bod yn arwydd pwysig o ymddiriedaeth, o safon ac o ffynhonnell ddibynadwy. Dan amgylchiadau felly mae newyddiadurwyr unigol sy'n postio yn annibynnol, heb logo, yn gallu denu dilyniant llawer yn haws. Dy'n nhw ddim yn postio fel brand newyddion, ond fel nhw eu hunain. Does dim logo ar eu gwaith nhw, mae'n llai taclus, mwy agos atoch chi a ffwrdd-â-hi, fel cynhyrchwyr cynnwys eraill TikTok.

Meddylia am Max Foster o CNN, er enghraifft, neu Sophia Smith Galer. Maen nhw ymhlith newyddiadurwr gwych sy'n postio ar TikTok ac Instagram. Mae 'na eraill sy'n denu dilyniant mawr wrth drafod newyddion o safbwynt penodol, fel 'citizen journalists' yn ystod rhyfel Wcráin, neu Joe Rogan yn America, a nifer o gyflwynwyr GB News ym Mhrydain. Y pryder am y math yma o newyddion yw ei fod yn bwydo ein rhagfarnau ac yn ymestyn yr hollt sydd fel pe bai'n tyfu rhwng carfanau gwahanol mewn cymdeithas. Wrth gwrs, mae hyn yn golygu bod newyddiadurwyr diduedd sy'n gwneud gwaith da yn ceisio dangos stori yn ei chyfanrwydd yn cael llai a llai o sylw. Gyda llaw, mae Sefydliad Reuters hefyd yn nodi mai prin yw'r dylanwadwyr newyddion benywaidd sy'n gwneud yn dda ar y cyfryngau cymdeithasol.

Oes rhyfedd bod gwleidyddion poblyddol yn dod yn fwyfwy poblogaidd ar draws y byd dan amgylchiadau fel hyn? Os yw poblogaethau yn llai deallus am beth sy'n digwydd o'u cwmpas, wedi'u bwydo â cham wybodaeth a newyddion pleidiol, oes darlun cywir ganddyn nhw o realiti bywyd heddiw? Sut allan nhw wneud penderfyniadau deallus o ran pleidleisio os ydyn nhw'n osgoi gwybodaeth gywir?

Dyna pam mae clywed straeon gan ohebwyr am eu profiadau gohebu yn bwysig.

Fel rhan o fy ngwaith fel darlithydd newyddiaduraeth, rwy'n cynnal cyrsiau cyfathrebu. Roedd academyddion yn ddiweddar yn dweud wrtha i eu bod nhw'n poeni am roi cyfweliad i newyddiadurwyr gan y gallai gohebydd eu camddeall a'u cam bortreadu. Pam nad yw newyddiadurwyr yn gadael iddyn nhw ddarllen eu herthyglau cyn eu cyhoeddi, neu wylio'u heitemau newyddion cyn eu darlledu? Yn y bôn, doedden nhw ddim yn ymddiried mewn newyddiadurwyr i wneud eu gwaith. Doedden nhw ddim yn meddwl bod newyddiadurwyr yn gwirio ffeithiau, yn gwrando yn astud, yn cyflwyno'u safbwynt yn deg a chywir.

Mae'n hollbwysig bod perthynas dda rhwng newyddiadurwyr a'r bobl maen nhw'n eu holi, y bobl maen nhw'n eu portreadu yn eu straeon, yn ogystal â'u cynulleidfaoedd.

Gobeithio bod cyfrol fel hon yn help i ddangos mor angerddol yw newyddiadurwyr Cymru dros ddweud stori dda yn gywir, yn afaelgar, yn gytbwys ac yn ddidwyll. Gobeithio ei bod yn help i ddangos mor drylwyr mae newyddiadurwyr yn gweithio i sicrhau newyddiaduraeth o'r radd flaenaf i gynulleidfaoedd Cymru.

Dyma ail lyfr *Fy Stori Fawr*. Fel yn y llyfr cyntaf, mae'r holl straeon yma wedi'u darlledu yn wreiddiol fel rhan o gyfres radio i BBC Radio Cymru. Yn y gyfrol hon mae cyfranwyr y drydedd a'r bedwaredd gyfres.

Mae ganddon ni gynifer o ohebwyr, newyddiadurwyr a chriwiau newyddion cwbl ymroddedig yng Nghymru. Roedd hi'n wych i ychwanegu cynhyrchwyr a gweithwyr camera at y cyfranwyr y tro hwn. Gwaith tîm yw newyddion darlledu, yn sicr.

Gyda llaw, straeon y gohebwyr yw'r rhain i gyd, wedi eu dweud wrtha i yn ystod y cyfweliad radio, a'u cofnodi gen i. Rwy'n ddiolchgar iawn i bob un ohonyn nhw am y cyfle.

Gobeithio gwnewch chi fwynhau'r darllen gymaint ag y gwnes i fwynhau'r cyfweld a'r cofnodi.

# RACHAEL GARSIDE

## Cymro ola'r pentre

*"We're sitting on a gold mine."*

*Newyddion*, BBC Cymru,
2 Mehefin, 2021

Fel arfer, mae'n arwydd o stori dda pan mae pobl yn cwyno i'r BBC. I raddau, mae'n dangos ein bod ni wedi neud ein job.

Ond roedd yr ymateb i'r stori 'ma yn anhygoel. O'n i wedi synhwyro y bydde hi'n denu sylw, ond 'nes i byth ddychmygu maint yr ymateb. Aeth pobl yn gandryll ar y cyfryngau cymdeithasol. Aeth e i'r pwynt lle'r o'n i'n ofni edrych ar fy ffôn achos roedd cymaint o bobl yn anfon negeseuon ata i.

Y gwir yw, ges i waith caled yn perswadio fy ngolygyddion ar y pryd bod y stori'n werth ei hadrodd.

Roedd hi adeg y cyfnod rhyfedd hwnnw wrth i bopeth setlo ar ôl i'r pandemig daro. O'n i a fy mhartner wedi trefnu gwyliau yn y gorllewin, i bentre Cwmyreglwys yn Sir Benfro. Roedd e wedi cael ei ganslo'n wreiddiol oherwydd y cyfnod clo, felly roedd 'na bwysau i aildrefnu achos dim ond hyn a hyn o amser oedd gyda ni cyn bod y cyfle i fanteisio ar y gwyliau yn dod i ben. Fel arfer, bydden ni wedi mynd yn yr haf, ond roedd hi'n rhyw bythefnos cyn y Dolig, ond bant â ni. Roedd y tywydd yn braf, ond yn oer iawn, ac ro'n i'n meddwl bydde'n brofiad gwahanol i fod yno y tu fas i'r cyfnod twristaidd prysur.

Pan oedden ni ar ein gwyliau es i am dro ar fy mhen fy hun rownd y pentre. Mae'n lle braf ar lan y môr ac mae 'na hanes ac awyrgylch arbennig yno, gydag adfail hen eglwys reit yn y canol. Roedd dyn yn hollti coed tu fas i un o'r tai, ac yn digwydd bod, roedd e'n siarad Cymraeg. 'Nes i stopio i gael sgwrs gydag e. Contractiwr oedd e. Doedd e ddim yn byw yn y pentre. A wedes i, "Jiw, ble ma pawb? Mae mor dawel 'ma."

Roedd hi fel y bedd.

"Sneb yn byw 'ma rhagor," atebodd e. "Ma pob tŷ yn y pentre nawr yn dŷ gwylie, heblaw am ddau dŷ."

Na'th yr ateb roi sioc go iawn i fi. Na'th e wir fy nharo i. O'n i'n meddwl bod e'n drist hefyd. Ac wrth dreulio'r wythnos yno, naethon ni ddim gweld yr un enaid byw yr holl amser o'n ni yna. Na'th y profiad aros gyda fi ac, yn wir, o fewn cwpwl o fisoedd roedd e'n dal ar fy meddwl i.

Fues i'n ohebydd amaeth am flynyddoedd, yn cyflwyno

*Country Focus* ar BBC Radio Wales, ac o'n i'n ymwybodol o'r sefyllfa ail gartrefi. Mae'n rhywbeth sydd wedi bod yn bwnc llosg yng Nghymru ers blynyddoedd maith, ond roedd hwn wedi crisialu'r holl beth i fi. 'Nes i sylweddoli bod Cwmyreglwys yn enghraifft o bentre, sydd i bob pwrpas, wedi marw. Does dim cymuned yno o gwbl.

O'n i'n teimlo bod y stori'n haeddu sylw ehangach ac o'n i'n hollol ffyddiog ei bod hi'n enghraifft dda o stori a fydde'n cynnal rhyw fath o drafodaeth a sgwrs. Felly es i ati wedyn i ymchwilio ymhellach achos falle taw dim ond fi oedd yn teimlo bod hyn yn beth trist.

'Nes i ddechrau cysylltu gyda phobl leol a siarad â chynghorydd cymuned lleol. Wrth gwrs, yr argraff ges i wrth siarad â nhw oedd bod 'na bryder mawr yn yr ardal a bod prisiau tai wedi mynd ymhell y tu hwnt i afael pobl leol.

Felly es i â'r stori at y timau cynhyrchu yn stafell newyddion y BBC a'r ymateb cyntaf oedd, "Wel, ydy hyn yn rhywbeth newydd? Ni'n ymwybodol o'r sefyllfa yma ers tipyn."

Roedd rhaid i fi eu darbwyllo nhw bod hon yn stori. Yn amlwg, dyna'r peth gyda newyddion, mae rhaid i'r stori fod yn rhywbeth newydd. Ac yn rhywbeth *exclusive*, o bosib. 'Nes i ddadlau bod y pentre cyfan wedi mynd. Hynny yw, does 'na ddim pentre bellach, dim ond dau dŷ, ac mae'r bobl sydd yna'n oedrannus iawn. Dim ond un person sy'n siarad Cymraeg sydd ar ôl yna. Mae'r sefyllfa ar y dibyn, a chyn gynted ag y bydd y bobl yna'n mynd, dyna fe, bydd Cwmyreglwys wedi troi'n bentre gwyliau. Fydd dim siawns iddo fynd 'nôl i fel oedd e.

Yn hanesyddol bydde'r pentre wedi bod yn llawn pysgotwyr, ffermwyr, yn byw mewn tai bach clyd – bythynnod oedd nawr yn gwerthu am dros filiwn o bunnau. Roedd y peth yn anhygoel. Sut fydde'r bobl yna'n teimlo'n dod 'nôl o'r gorffennol a gweld sut mae pethau wedi newid?

Wrth gwrs, yn y diwedd, llwyddes i ddarbwyllo'r cynhyrchwyr bod 'na stori ac es i lawr yna eto tua diwedd mis Mai pan oedd y tywydd yn braf. Roedd y tymor fel petai ar fin dechre. O'n i'n gallu gweld pobl yn peintio tai ac roedd gwaith atgyweirio'n digwydd i baratoi ar gyfer y tymor gwyliau nesaf. Roedd hi'n teimlo'n wahanol i'r adeg pan o'n i yno ar fy ngwyliau ym mis Rhagfyr.

Es ati i ffilmio a threulio'r diwrnod yno, yn siarad â'r bobl leol a gyda'r un trigolyn diwethaf oedd yn siarad Cymraeg, Norman Thomas. Roedd e'n 88 oed ar y pryd. Roedd un cwpwl arall yn gymdogion iddo fe yn y pentre, a Saeson o'n nhw. Roedd Elizabeth a Harry Broughton wedi symud yno o Sir Gaerhirfryn ugain mlynedd ynghynt i ymddeol i bob pwrpas.

Fe ddywedon nhw wrtha i bod nodyn yn dod drwy'r drws bob wythnos bron yn gofyn a fydden nhw'n gwerthu'r tŷ. Roedd pobl yn desbret i brynu lle yn y pentre hyfryd yma.

"We're sitting on a gold mine – there's no doubt about it. We're sitting on a gold mine," dywedodd Elizabeth, oedd yn 80 oed ar y pryd.

Roedd Norman Thomas wedi byw yn y pentre gydol ei oes ac wedi magu ei blant yno gyda'i ddiweddar wraig. Roedd y plant i gyd wedi tyfu i fyny yn y lle anhygoel. Ond wrth gwrs, roedd e wedi gweld y lle yn newid y tu hwnt i unrhyw beth roedd e wedi gallu ei ddychmygu, mewn ffordd. Felly roedd 'na dristwch erbyn hynny.

Eisteddon ni tu fas i'w dŷ, reit ar lan y môr, ac roedd hi'n ddiwrnod braf. Buon ni'n siarad am sbel, a dyma'r hyn ddywedodd e: bod angen i Lywodraeth Cymru neud rhywbeth, achos roedd tŷ ar y farchnad yn y pentre am 1.2 miliwn o bunnau. Doedd neb yn lleol yn gallu fforddio'r fath bris. Maen nhw wedi colli'r bobl ifanc ac mae'r pentre wedi marw, i bob pwrpas.

"Ma pedwar o blant 'da fi. Ac maen nhw i gyd 'di mynd bant," dywedodd e. Roedd e'n drawiadol iawn. Na'th e siarad yn dda, dwi'n cofio hynna.

Pan ddaeth y stori mas, daeth yr ymateb yn syth.

Dwi'n cofio blynydde'n ôl, un o'r golygyddion cyntaf ges i yn dweud, "Mae'n rhaid i ti achosi trwbl. Os ti ddim yn achosi trwbl, ti ddim yn neud dy job yn iawn." Ac roedd e'n iawn, ac yn bendant na'th y stori yma achosi trwbl!

Ar ôl storm ar y cyfryngau cymdeithasol, daeth e'n bwnc trafod yn y Senedd. Trefnodd Cymdeithas yr Iaith brotest yng Nghwmyreglwys y penwythnos ar ôl i'r stori ddod mas. Sylwais i bod sawl papur yng Nghymru wedi cynnwys y stori i ddechrau, ac wedyn y papurau cenedlaethol yn Llundain – y *Daily Mirror*, y *Daily Mail*, y *Guardian*... Roedd hi'n anhygoel i weld y stori'n denu'r fath ymateb.

Os ydw i'n hollol onest, o'n i'n falch iawn. O'n i'n falch bod fy ngreddf i am stori wedi bod yn gywir. Ond roedd arna i damed bach o ofn hefyd.

Roedd y teimlade jyst mor gryf!

Be dwi 'di neud? Dwi wedi agor rhyw fath o lifddorau fan hyn. Ble mae'r ymateb 'ma'n mynd i fynd? Achos daeth 'na bwynt pan o'n i'n meddwl, ydy hyn yn mynd i fod yn niweidiol? Y gobaith oedd y bydde'r stori'n dechrau rhyw fath o sgwrs a fydde'n trio datrys sefyllfa ddyrys iawn mewn modd adeiladol. Hynny yw, roedd y stori wedi arwain at brotestiadau a theimladau cryf a dyw hynny ddim wastad yn adeiladol. O'n i'n falch bod pobl yn siarad am y pwnc achos dyw Cwmyreglwys ddim yn eithriad. Roedd e'n un esiampl dda, oedd, ond mae 'na nifer o gymunedau dros Gymru gyfan sy'n yr un sefyllfa yn union.

Cyn i'r stori ddod mas roedd Cwmyreglwys fel petai wedi cael ei anghofio i ryw raddau. Digwydd bod, roedd tŷ newydd gael ei werthu tu fas i'r pentre wrth i fi neud y stori. Roedd e wedi mynd am ymhell dros filiwn o bunnau, ond

Cymry Cymraeg oedd wedi ei brynu fel ail gartref. O'n i'n gweld bod llawer o bobl ar y cyfryngau cymdeithasol yn beio Saeson yn syth. Ac wrth gwrs, roedd lot o'r tai yng Nghwmyreglwys wedi cael eu prynu gan Saeson fel ail gartrefi – ond roedd Cymry Cymraeg wedi neud hefyd.

Mae'n rhy syml i feio pobl o'r tu hwnt i Gymru. Hynny yw, mae'n broblem i gefn gwlad yn gyffredinol bod pobl ifanc yn methu fforddio byw yn eu cymunedau. Dyna oedd pwynt y cynghorydd lleol holes i ar gyfer y darn. Roedd ei fab ei hunan wedi methu dod 'nôl i'r ardal, achos ei fod e'n methu fforddio byw yno.

Wedyn dechreuodd y negeseuon personol fy nghyrraedd i. Dwi'n cofio un person oedd yn berchen tŷ yn y pentre oedd ddim yn hapus o gwbl 'mod i wedi neud y stori ac wedi awgrymu 'mod i'n anghyfrifol ac yn newyddiadurwraig wael. Na'th y person hwnnw gŵyn swyddogol wedyn, ond roedd wedi dechrau trwy roi neges ar y cyfryngau cymdeithasol a dweud pethau eitha negyddol amdana i.

Do'n i ddim yn poeni gormod, achos o'n i'n hyderus 'mod i wedi glynu at y ffeithiau a heb or-ddweud. Doedd dim angen. Roedd y ffeithiau yna i unrhyw un eu gweld. Ond roedd y person yma wedi dadlau 'mod i wedi awgrymu bod mwy o dai yn y pentre. O'n i wedi dweud bod e'n bentref o ryw 50 o dai achos dyna'r ffigwr na'th y cynghorydd cymuned ei roi i fi. Dywedodd e nad dim ond y pentre ei hunan yw Cwmyreglwys, ond bod sawl tŷ o gwmpas y pentre yn y cylch hefyd. Felly 50 oedd y rhif. Roedd y fenyw na'th gwyno wedi dweud bod hyn yn warthus, achos bod hynny'n or-ddweud. Roedd hi'n siŵr hefyd 'mod i wedi gorliwio'r stori. Ond o'n i'n synhwyro bod y pentre heb gael sylw fel hyn erioed o'r blaen ac nad oedd perchnogion tai lleol yn hoffi'r ffaith bod e'n sydyn reit ynghanol y storm yma.

Ond fel dwi'n dweud, o'n i'n hyderus bod y ffeithiau'n gywir a bod rhaid derbyn bod da a drwg mewn stori fel'na a dyw hi ddim yn mynd i blesio pawb. I fi, roedd e'n profi bod 'na stori i'w hadrodd. Roedd llwyth o bobl ar y cyfryngau cymdeithasol hefyd yn dweud bod y stori yn bwysig. Dwi'n cofio newyddiadurwyr eraill yn cysylltu gyda fi yn dweud: "Mae hon yn stori bwysig, mae'n beth da bod ti 'di neud hyn."

'Nes i ddim perchnogi'r stori ar y pryd. Aeth y stori y tu hwnt i fi yn go glou. Roedd cymaint o bobl eraill wedi cymryd y peth a mynd ag e, ac o'n i jyst yn teimlo 'mod i i ryw raddau wedi colli gafael ar y peth erbyn y diwedd. Wrth edrych 'nôl, dwi ddim yn meddwl bod pobl yn sylweddoli mai fi na'th y stori yn gynta, ond dyw hwnna ddim yn bwysig i fi. O'n i jyst yn falch 'mod i wedi tynnu sylw at rywbeth o'n i'n teimlo oedd yn bwysig.

Cyn i fi ddatgelu'r stori, roedd gan bob Cyngor yng Nghymru'r pŵer i godi'r Dreth Gyngor, ond dwi ddim yn meddwl bod unrhyw un wedi neud hynny. Ond wrth gwrs, wedi i'r stori gydio, a datblygu, na'th Cyngor Gwynedd a Chyngor Sir Benfro godi'r dreth bron yn syth. Mae hyn yn bwnc mawr o hyd, wrth gwrs, a dyw pawb ddim yn gytûn mai dyna'r ateb gorau. Mae codi'r Dreth Gyngor wedi targedu pobl sydd â thŷ maen nhw'n ei osod ar fferm yn yr un ffordd â pherchnogion ail dai eraill. Maen nhw'n cael eu cosbi yn yr un ffordd, achos y broblem yw tai sy'n wag, y tai lle mae pobl yn aros am falle pythefnos yn unig o'r flwyddyn. Ac wedyn maen nhw'n wag am weddill yr amser. Alla i weld bod hwnna'n cymryd cartref oddi ar rywun. Ond wedyn, mae'n farchnad rydd, on'd yw hi? Dyw'r Llywodraeth ddim yn gallu ymyrryd â phrisiau tai, ond bydden i'n dadlau bod angen rhoi opsiynau eraill i adeiladu mwy neu i gynnig mwy o dai fforddiadwy...

Dwi ddim wedi bod 'nôl yng Nghwmyreglwys ers gwneud y stori. Am gyfnod, o'n i'n teimlo ei bod hi'n well falle nad o'n i'n mynd yna.

Dwi nawr mewn sefyllfa lle dwi'n edrych 'nôl ar fy ngyrfa achos dwi ddim yn gweithio fel gohebydd mwyach. Ond o'r holl straeon dwi wedi gohebu arnyn nhw, dwi'n credu taw hon gafodd yr ymateb mwyaf. Fe synnodd e fi faint o drafodaeth genedlaethol buodd 'na. Ac wrth edrych 'nôl, dwi'n browd o'r stori. Roedd hi'n dangos eto mai'r straeon gorau yw'r rhai mwyaf syml weithiau. Roedd e jyst yn bentre lle roedd bron neb yn byw drwy gydol y flwyddyn a dyna i gyd oedd y sefyllfa. Ond roedd e'n agor y drws i gymaint mwy na hynny.

# SIÔN JENKINS

## Rhyw am rent

*"Fi'n cael buzz fantastic o fyw double life."*

*Ein Byd: Y Diwydiant Rhyw*, ITV Cymru

Ionawr 2018

Yn syml, mae rhyw yn bwnc mae pob un â diddordeb ynddo fe. Mae'n bwnc diddorol. "Sex sells," fel maen nhw'n gweud. Felly wrth i ni lawnsio cyfres newydd o *Ein Byd* ar gyfer S4C yn 2018 fe benderfynon ni edrych i mewn i'r diwydiant rhyw yng Nghymru.

O'n ni moyn edrych ar yr ochr dda a'r ochr ddrwg. O'n i'n meddwl bydde fe'n ddiddorol cael mewnwelediad i fywyd gweithwyr rhyw, gweld faint o arian maen nhw'n ei neud, pa mor ddiogel y'n nhw, a'u cefndir nhw. Dyna oedd yr ochr gynta 'te. Yr ail ran oedd ffenomenon newydd *sex for rent*, pan mae landlordiaid yn cynnig lle i fyw am ffafrau rhywiol.

Roedd fy nghyd-weithiwr i, Siân Vivian, wedi dod o hyd i erthygl yng nghylchgrawn *Cosmopolitan* yn sôn am landlordiaid yn cynnig lle i fyw am ffafrau rhywiol yn

Lloegr, a meddylion ni, sgwn i ydy hyn yn digwydd yng Nghymru? Ac wel, oedd. Roedd e *yn* digwydd. Felly ro'n ni eisiau ymchwilio i'r peth.

Doedd neb wedi neud rhaglen fel hon o'r blaen.

Roedd hi'n broses ddiddorol iawn i fynd ati i ddechrau. Er mwyn mynd i edrych am weithwyr rhyw roedd rhaid mynd ar y gwefannau 'ma a gweld lle ro'n nhw'n hysbysebu eu hunain. Felly roedd rhaid i ni gael caniatâd ITV i fynd ar y gwefannau yn ystod oriau gwaith ac i greu *profiles*. Yn syml, naethon ni greu proffeil oedd yn dweud ein bod ni'n edrych am weithwyr rhyw o Gymru sy'n siarad Cymraeg. Sai'n credu naethon ni ddatgelu'n syth mai newyddiadurwyr o'n ni. Naethon ni ddod o hyd i sawl un drwy edrych ar ble o'n nhw'n dod. Roedd rhai'n dod o'r gogledd a rhai o'r de.

Ar ôl i ni esbonio beth o'n ni moyn neud gethon ni ddim lot o atebion. I ddechrau, roedd un dyn ifanc o'r de yn awyddus i siarad â ni, ond yn anffodus na'th e dynnu'n ôl. Base fe wedi bod yn ddiddorol cael safbwynt dyn. Ond wedyn, roedd menyw hŷn o ardal Abertawe yn hapus i siarad â ni. Mrs Jones. Roedd Mrs Jones yn ei chwedegau, yn gyn-athrawes ac yn berson lyfli. Roedd hi mor agored ac ar ôl chydig o anfon negeseuon 'nôl a mlaen na'th hi gytuno i ni fynd i dreulio diwrnod gyda hi.

Tipyn o lwc...

Felly un o'r pethe cynta naethon ni ar gyfer cyfres

newydd *Ein Byd* oedd ffilmio gyda Mrs Jones. Roedd e'n gwbl ffresh – cyfres newydd, steil ffilmio a chyflwyno hollol wahanol i beth oedd wedi bod ar raglenni dogfen S4C o'r blaen. Ges i wres fy nhraed gyda Mrs Jones.

Naethon ni droi lan yn y fflat lle roedd hi'n gweithio a dweud wrthi, "Jyst gwnewch chi fel fyddech chi'n neud fel arfer a 'newn ni ffilmio o'ch cwmpas chi." Doedd hi ddim yn byw yna, chi'n deall, jyst yn gweithio, ac roedd hi'n hapus i ni fod 'na drwy'r dydd.

Gethon ni ei hanes hi i gyd. Roedd hi'n teimlo'n rhydd yn y diwydiant rhyw, ac wedi teimlo'n gaeth pan oedd hi'n gweithio fel athrawes gyda'r disgyblion. Ond nawr, roedd hi'n teimlo'n llawer mwy rhydd. Hi oedd yn cael dewis ei chleientiaid a beth mae'n ei neud gyda nhw.

Naethon ni aros tan ei bod hi'n cael galwadau ar ei laptop. Roedd hi'n neud lot o waith ar y webcam. Newydd neud dishgled i ni oedd hi pan na'th rhywun alw ar y laptop.

Cleient cynta'r diwrnod.

A 'nes i jyst ei gwylio hi, a'i chlywed hi'n siarad gyda'r dyn 'ma oedd yn 'mwynhau' ei hunan ar ochr arall y webcam. Tan bod y dyn wedi cwpla 'mwynhau' ei hunan. A finne, jyst yna yn gwylio'r cwbl.

O'n i ffaelu credu 'mod i mewn sefyllfa o'r fath a bod 'na gamera arna i ac arni hi. Ond roedd hi jyst mor rhwydd. Dim ffys. Roedd hi fel pe bai'n dweud, "Dyma dwi'n neud a dyma fy mywyd i, Siôn. Ti jyst yma i watsho fi."

Wedyn daeth cleient i mewn i'r fflat.

Dim ond un rhan o'i gwaith hi oedd y webcam. Na'th cwpwl o gleientiaid alw. O'n nhw'n ddynion hŷn a 'nes i ddim siarad â nhw, dim ond gweld eu hwynebe nhw. Na'th Mrs Jones egluro bod criw camera yna ond na fydden nhw'n mynd i mewn i'r stafell wely.

Felly dyma nhw'n shyfflo i mewn ac ro'n i a Bethan Muxworthy, oedd yn ffilmio gyda fi, yn edrych ar ein gilydd a meddwl, beth y'n ni'n neud? Mae hyn yn *crazy*! Ar un pwynt, cododd Beth ei chlustffonau cyn eu taflu nhw i'r llawr yn syth ar ôl sylweddoli bod meic Mrs Jones dal mlaen yn y stafell wely!

24 oed o'n i ar y pryd, yn eistedd fan'na yn ffilmio a chreu fy nghyfres fy hun. O'n i ffaelu credu'r peth a dweud y gwir. Roedd e mor swreal ond rhaid i fi ddweud 'nes i fwynhau. Roedd e mor wahanol.

Doedd dim pryderon 'da fi bod Mrs Jones yn cael ei hecsploetio. Roedd hi'n berson hyderus iawn. Roedd hi'n glir yn yr hyn roedd hi'n ei wneud ac eisiau ei wneud. Yr unig gwestiwn moesol oedd gyda fi oedd, ydyn ni'n *voyeuristic* fan hyn. Ond ar ôl siarad â hi, ro'n i'n hollol sicr mai hi oedd yn rheoli ei bywyd ei hunan.

"Dwi'n cael *buzz fantastic* o fyw *double life*," ddwedodd hi wrtha i. Roedd plant gyda hi oedd wedi tyfu lan, ond do'n nhw ddim yn gwybod unrhyw beth am y gwaith roedd hi'n ei neud. Roedd hynny'n rhoi *buzz* iddi hefyd.

Yr unig ofid oedd gyda fi am ffilmio gyda hi oedd neud yn siŵr ein bod ni'n cadw cyfrinachedd a ddim yn datgelu pwy oedd hi. Roedd 'na bethe naethon ni yn yr *edit* i neud yn siŵr ein bod ni'n ei chadw hi yn gwbl anhysbys. Ond o'n i moyn dangos i bobl yng Nghymru bod menyw fel Mrs Jones yn bodoli a bod y pethe 'ma'n digwydd. Fan hyn. Yng Nghymru. Yn Gymraeg.

Dim ond yn hanner cynta'r rhaglen roedd Mrs Jones. Roedd ail ran y rhaglen yn trafod *sex for rent*. Na'th yr ymchwiliad yma gymryd tipyn mwy o waith. Chwe mis i gyd.

Fel wedes i, y dechrau oedd Siân yn dod ar draws erthygl yn *Cosmopolitan*, a hithe'n edrych i weld os oedd hyn yn digwydd yng Nghaerdydd. O ran paratoi, rhaid i fi gyfaddef mai Siân oedd seren y rhan yma o'r rhaglen. Hi na'th y proffeil ar wefan Craigslist, lle ddaethon ni o hyd i'r dynion 'ma a'r math o hysbysebu. Roedd hysbysebion gan ddynion yn cynnig rhentu lle i fyw gan ddweud eu bod nhw'n hapus i 'drafod telerau'. *We can come to an arrangement over rent,* math o beth. Ar ôl trafod gyda'r tîm golygyddol, na'th Siân broffeil yn esgus ei bod hi'n ferch oedd newydd raddio o'r brifysgol a'i bod hi'n hapus i 'drafod telerau'.

Na'th yr holl beth gymryd chwe mis i gyd, fel y sonies i. Roedd rhaid aros wedyn i bobl gysylltu'n ôl gyda Siân. Roedd rhaid i ni gymryd gofal mawr drwy'r holl broses. Mae Siân yn newyddiadurwraig arbennig o dda, yn feiddgar. Yn naturiol, roedd ganddi hi bryderon am ei hiechyd a'i gofal, ac o'n ni i gyd isie bod yn ofalus iawn o'r ffordd ro'n ni'n neud hyn. Roedd Siân yn ddewr. Na'th hi ddim defnyddio ei henw iawn ond yr enw ddefnyddiodd hi oedd Abi, ac roedd y dynion yn gofyn am wybodaeth ganddi.

Fe ofynnodd un dyn am lun ohoni a fideo yn dweud helô neu rywbeth tebyg, er mwyn profi ei bod hi'n berson go iawn, "Because there are a lot of journalists on this site, so let's be careful." Felly o'n ni'n gwybod bod yna risg wrth iddi esgus bod yn berson gwahanol. Roedd tipyn o fynd 'nôl a mlaen. Yn ddiweddar es i'n ôl drwy'r negeseuon roedd Siân wedi eu hala. Mae cannoedd ohonyn nhw. O'n i wedi anghofio cymaint o faich oedd e i Siân i gadw ar ben yr holl beth ac i gynnal y sgwrs, a na'th hi waith ardderchog gyda'r holl beth.

Unwaith ein bod ni wedi sefydlu bod y dynion 'ma'n cynnig lletty am ryw ro'n ni'n treial penderfynu ar ddyddiad i gwrdd â nhw. Gethon ni'r prawf hynny ar bapur. Prawf cadarn. Wedyn, roedd rhaid aros am ddyddiad. O'n i wedi anghofio faint o amser roedd yr holl beth wedi cymryd. O'n ni'n trafod fel tîm bob dydd.

Y rhan nesaf oedd cynllunio'r cyfarfyddiad gyda'r landlordiaid anghyfreithlon. Ro'n ni'n bwriadu eu ffilmio nhw'n gudd, a 'ngwaith i wedyn fyddai eu holi nhw ar gamera – mewn cyfweliad sy'n cael ei alw'n gyfweliad 'doorstep'.

I gael yr hawl i neud cyfweliad fel hyn o'n ni'n gorfod cael tystiolaeth er mwyn cael caniatâd i'w ffilmio nhw. O'n ni wedi mynd drwy'r prosesau yna i gyd. Roedd y ddau ddyn wedi cynnig lle i fyw am ryw. Roedd hynny i gyd yn y negeseuon rhwng Siân a nhw, felly roedd cyfiawnhad gyda ni.

Aeth Siân i gwrdd â'r dynion, gan wisgo camera ar fotwm ei chôt hi. Roedd dau gyd-weithiwr arall hefyd wedi mynd i'r lleoliad ac yn eistedd yn agos at Siân a'r dyn. Ro'n nhw yna fel diogelwch, ond roedd camera gyda nhw yn eu hallweddi car fel bod siot o ongl arall gyda ni. Roedd hynny'n gyffrous.

Dim ond un cyfweliad *doorstep* o'n i wedi'i neud o'r blaen ac o'n i'n nerfus dros ben. Roedd rhaid ei gael e'n iawn. Roedd tipyn o waith cyfathrebu wrth i'r sgwrs ddigwydd. Roedd gyda ni grŵp WhatsApp, a bob tro roedd Siân yn mynd i'r tŷ bach roedd hi'n tecstio i ddweud beth oedd wedi digwydd.

Roedd Siân wedi cwrdd â'r dyn yn nhafarn Wetherspoons ym Mae Caerdydd. Wrth y bwrdd y tu ôl iddi roedd ein cyd-weithwyr, Guto ac Ian. Tu fas, roedd y cynhyrchydd, Beth, a Lewis y dyn camera gyda fi. O'n ni'n aros i Siân gael tystiolaeth ar gamera o'r hyn roedd y dyn yn ei gynnig. Unwaith iddo fe wneud y cynnig, aeth Siân i'r tŷ bach a thecstio neges at weddill y grŵp yn dweud, "Mae e wedi dweud hyn." O'n i'n gwbod wedyn y gallen i daflu hynna ato cyn gynted ag y gwelen i fe.

Roedd y foment honno yn un eitha ffrantic! O'n nhw wedi gadael yn ddisymwth a do'n i ddim yn siŵr lle o'n nhw wedi mynd. O'n ni wedi trefnu iddyn nhw fynd i un man, ond aethon nhw i fan arall. O'n i'n rhedeg, yn brasgamu heibio Wetherspoons a throi'r gornel. Digwydd bod, weles i fe. Do'n i ddim wedi disgwyl ei weld e fan'na, ond 'nes i jyst wapo'r meic mas. Beth ddylen i fod wedi'i neud oedd cyflwyno'n hunan. Dyle pob newyddiadurwr gyflwyno'i hunan. Ond roedd yr adrenalin yn pwmpo ac roedd cyment yn mynd drwy 'mhen i. Dyna i gyd welodd y dyn 'ma oedd fi a'r ddau gamera yn ei wyneb e. Yn amlwg roedd e'n deall beth oedd yn digwydd. Dafles i'r cyhuddiad ato fe, "You've come here to meet my colleague tonight and you're offering her a place to stay in exchange for sex!" A'r foment 'na… Dwi'n gallu gweld ei wyneb e hyd heddi. Dwi erioed wedi gweld unrhyw un mor ofnus yn ei fywyd. Na'th e'r sŵn 'ma, fel, "Oh god."

Roedd e wedi sylwi yn syth bin, "Dwi 'di cael fy nal fan hyn." Am eiliad neu ddwy o'n i'n teimlo euogrwydd, achos roedd y dyn wedi gweld ei fywyd yn newid jyst fel'na. Ond wedyn na'th e ddechrau rhedeg, felly roedd rhaid i fi redeg ar ei ôl e a thaflu mwy o gwestiynau ato. Rhedes i am ryw funud gyfan i gyd.

Na'th e ddweud dim.

Dim ond rhedeg i ffwrdd.

O'n i'n gweiddi pethe fel, "Have you got nothing to say?" Ac mae'n ffrindiau i'n dal i gymryd y mic mas ohona i hyd heddi a dweud, "Have you got nothing to say?"!

Roedd ail gyfweliad tebyg wedyn gyda dyn arall oedd hefyd wedi cynnig lle i fyw i Siân yn gyfnewid am ryw. Roedd mwy o gyffro i'r un yma. O'n i'n gwbod beth i'w ddisgwyl.

Roedd hwn yn ddyn mwy *brash*, yn fwy hyderus yn yr hyn roedd e'n ei ddweud ac yn ei ofyn. Na'th e sôn wrth Siân ei fod e'n cynnig lle iddi aros am ryw. Na'th e hyd yn oed sôn am y math o ryw mae e'n ei hoffi, a chynnig i Siân yn y fan a'r lle, "If you want to come back to my house now, I'll give you £50."

Ar ôl iddo ddweud y cyfan ar y camera cudd, aeth Siân i'r tŷ bach a thecstio i'r grŵp WhatsApp beth ddwedodd e. 'Nes i feddwl, "Grêt, ma hwn yn mynd i fod yn dda." Pan ddaeth e mas o'r caffi rhedes i ato fe, a'r tro 'ma 'nes i'r hyn o'n i fod i neud a dweud, "I'm Siôn Jenkins from *Ein Byd* on S4C. Why have you been here to meet my colleague to offer her a place to live in exchange for sex?"

I ddechre roedd e fel, "Whaaat? No, no no!" cyn dechrau rhedeg. Roedd e'n gallu shiffto am ddyn o'i oed achos na'th e 'i belto hi! Rhedes i ar ei ôl e a thaflu ambell beth ato fe. "I've come here to sample what's on offer."

Dyna un o'r pethau ddwedodd e wrth Siân. Felly dwedes i, "You want to sample what's on offer?... Do you tend to treat your women like cars or tasting menus?!" Rhywbeth *cheeky* fel'na! Dafles i'r hyn roedd e'n hoffi yn rhywiol ato fe a na'th e droi ata i a 'ngalw yn air alla i ddim ei ailadrodd. Na'th e barhau i redeg a finne'n rhedeg ar ei ôl e. Eto, heblaw am y rhegfeydd, ddwedodd e ddim byd.

Roedd hi'n foment gyffrous iawn, ond roedd 'na reswm difrifol dros neud hyn. Roedd merched mas 'na oedd mewn sefyllfa i gael eu gorfodi i chwilio am le i fyw gyda dynion oedd yn cymryd mantais ohonyn nhw. Menywod bregus, yn desbret am le i fyw, a dyna un o'r elfennau o'n ni eisiau ei throsglwyddo yn y rhaglen.

A dweud y gwir, naethon ni ymdrech i chwilio am rywun oedd wedi rhentu lle fel hyn. Daethon ni o hyd i un fenyw oedd wedi bod trwy'r profiad ond yn anffodus doedd hi ddim eisiau bod ar gamera. Fe ddarlledon ni e-byst roedd hi wedi eu hanfon aton ni, jyst er mwyn dangos realiti'r sefyllfa. Roedd e'n rhwydd gweld faint o bobl oedd mas 'na yn edrych am y math yma o beth. Yn y bôn, y prif reswm dros ymchwilio i'r pwnc oedd gan fod hyn yn erbyn y gyfraith. Mae'n anghyfreithlon, a dyna'r prif reswm am neud y stori.

Pan ddaeth y rhaglen mas, roedd rhai wedi'n cyhuddo ni o fod yn *voyeuristic*, yn enwedig o fynd i weld gwaith gweithiwr rhyw a threulio amser gyda hi. Ond pwrpas

*Ein Byd* oedd taflu goleuni ar gorneli cudd cymdeithas – ac mae'r diwydiant rhyw yn gornel gudd. Mae gan bobl ddiddordeb ynddo fe ond dy'n nhw ddim eisiau siarad am y peth na gweld y peth, na'i drafod e yn gyffredinol. Ond dwi'n credu ei bod hi'n bwysig i daflu golau ar y pethau 'ma, yn enwedig rhyw am rent achos bod e'n ffenomenon weddol newydd. Roedd e'n beryglus, roedd e'n erbyn y gyfraith a doedd dim llawer o sôn, os o gwbl, wedi bod am y pwnc ar deledu – felly roedd e'n rhywbeth o'n i moyn datgelu.

A rhywbeth arall naethon ni ar y rhaglen oedd cael gwleidydd i edrych arni a chael ei barn hi. Dawn Bowden oedd y gwleidydd, sy'n Weinidog Plant a Gofal Cymdeithasol erbyn hyn. Roedd hi eisoes wedi codi'r pwnc yn y Siambr yn y Senedd, ac fe na'th hi hynny eto yn dilyn darllediad y rhaglen a sôn am yr hyn ro'n ni wedi'i ffilmio. Pan mae gwleidydd yn y Senedd yn penderfynu cymryd yr achos mlaen a sôn amdano yn y Senedd, mae'n dipyn o beth.

Ers hynny, mae Siân wedi bod i siarad â mudiadau a chymdeithasau tai oedd wedi cymryd diddordeb yn yr hyn o'n ni wedi'i neud ac eisiau gweld newid cymdeithasol. Felly cafodd y rhaglen effaith bellgyrhaeddol. Gethon ni ymateb arbennig. Roedd pobl oedd yn gweithio yn y diwydiant wedi cysylltu, a ffrindiau a theulu. Ar ben hynny, na'th y stori estyn ar draws y byd. Gethon ni geisiadau gan sianeli teledu o'r Almaen, Rwsia a Tsieina am y stori. Dwi'n cofio cael llwyth o negeseuon gan bobl – ac ymateb ar Twitter a Facebook – yn canmol bod y fath gyfres yn bodoli.

Un o brif heriau'r rhaglen oedd plethu'r ddau beth. Roedd stori Mrs Jones ar un ochr yn ysgafnach na rhyw am rent. Ond dwi'n credu naethon ni lwyddo a dwi'n browd iawn o'r gyfres, ac yn enwedig o'r rhaglen hon oherwydd roedd e'n waith tîm ardderchog. Roedd e'n wahanol ac yn newydd – a hyd heddi y peth mae pobl yn gofyn i fi fwya yw, "Shwt ma Mrs Jones?" Dwi'n cael y cwestiwn o hyd ac mae'n amlwg bod Mrs Jones wedi creu argraff ar bobl.

Ar ôl i'r rhaglen fynd mas gysyllton ni â Mrs Jones, ond naethon ni erioed glywed 'nôl ganddi, felly dwi ddim yn gwybod a oedd hi'n hapus gyda'r rhaglen neu beidio. Dwi ddim yn gweld pam na fydde hi. Ond na, sai wedi siarad â hi na'i gweld hi wedyn, sy'n siom, achos 'nes i ddod mlaen yn grêt gyda hi.

Na'th y rhaglen ennill gwobr yng Ngwobrau Cyfryngau Cymru am raglen newyddion a materion cyfoes y flwyddyn yn 2018 oedd yn arbennig iawn, iawn, iawn. Dwi'n cofio i'r panel beirniaid ddisgrifio'r rhaglen fel *tabloid journalism with a purpose*.

Erbyn hyn, dwi wedi gohebu ar sawl stori dwi'n falch ohonyn nhw. Ond dwi mor browd o'r gyfres *Ein Byd*. Naethon ni fentro ymdrin â phwnc dyw llawer ddim eisiau ymdrin ag e. Mae'n anodd ffeindio pobl i siarad am y peth a gadael i rywun busneslyd fel fi i mewn i'w bywydau.

Doedd neb wedi neud rhaglen yn trafod rhyw am rent o'r blaen ac mae hynny'n destun balchder i fi.

# HELEN LLEWELYN

## Achub bywyd

"*Catastrophic haemorrhage probably, with a heart rate of 139.*"

*Helimeds,* ITV Cymru

Cyfres 3, 2014

O'n i'n ffilmio fy nhrydedd gyfres pan ddaeth yr alwad wna i fyth ei hanghofio.

Roedd ITV wedi cael comisiwn i ffilmio cyfres newydd yn dilyn gwaith Ambiwlans Awyr Cymru. Y newyddiadurwr Iwan Roberts oedd wedi cael y comisiwn yn wreiddiol ac fe sylweddolon nhw yn go glou y byddai angen rhywun arall i hedfan hefyd. Felly, o'n i wedi dangos fy niddordeb.

O'n i'n gweithio ar y pryd i *Y Byd ar Bedwar* ac roedd diddordeb gyda fi yn yr ochr dechnegol o'r gwaith a'r gwaith camera. Dyna'r tro cynta i ITV gynhyrchu yn HD. Roedd camerâu bach yn cael eu gosod ar yr hofrenyddion, ac o'n i eisiau defnyddio'r dechnoleg. O'n i'n ifanc a jyst yn meddwl ei fod e'n gyfle ffab. Ro'n i hefyd yn meddwl bydde fe wir yn cŵl i gael hedfan mewn hofrennydd!

Roedd y bosys ar y pryd, Iwan a Ger, wedi ceisio fy mharatoi i, wedi fy nghwestiynu i, a siarad y peth drwodd lot cyn fy anfon i ar y cwrs 'ma oedd yn costio ffortiwn. O'n nhw'n meddwl 'mod i'r math o gymeriad fydde'n iawn ar gyfer y gwaith. Ond, a dweud y gwir, mae bron yn amhosib paratoi rhywun at y fath bethe oedd o 'mlaen i.

Erbyn y drydedd gyfres o'n i'n ffrindie mawr gyda chriw yr ambiwlans awyr. O'n i'n treulio sawl mis o'r flwyddyn gyda nhw yn ffilmio digon o ddeunydd ar gyfer cyfres gyfan. Drwy weithio mor agos ro'n i'n gyfarwydd â'r prosesau pan fydde galwad brys yn dod i mewn. Erbyn y pwynt hyn hefyd o'n i'n deall yr ochr feddygol tipyn yn well hefyd.

Un o'r pethe cyntaf oedd wedi 'nharo i wrth ddechre ffilmio oedd bod pawb yn cael tipyn o sbort yn yr *air base* gyda'i gilydd. Ar ddiwrnod arferol, bydde pawb yn cael brecwast a byddet ti'n neud yn siŵr dy fod ti wedi cael digon o fwyd, achos Duw a ŵyr pryd gethet ti fwyd nesaf, ac roedd lot o chwerthin a lot o hwyl. Ond unwaith roedd galwad yn dod i mewn, roedd e fel switsh, a difrifoldeb y sefyllfa yn cael ei switsho mlaen yn eu hymennydd.

Dwi'n cofio ar y dechrau, pan o'n i'n gweld y switsh hyn, roedd e'n codi ias arna i. Achos roedd y bachan 'ma o'n i newydd fod yn jocan am beth oedd ar y teledu neithiwr gyda fe, neu drafod y ci neu rywbeth, yn sydyn iawn yn trawsnewid. Yn yr hofrennydd wedyn roedd pawb yn dawel. Roedd 'na ffordd benodol o ymddwyn yn yr hofrennydd, a doedd dim iws dweud gair mas o'i le.

Pan fydden ni'n cyrraedd safle'r ddamwain, bydde'n rhaid asesu'r claf. Ro'n i fel arfer yn gallu gweld o'u hymateb nhw beth oedd difrifoldeb y sefyllfa – bydden nhw naill ai'n rhyw fath o ymlacio, neu bydde'r canolbwyntio yn ddwys, ac o'n i'n gwybod wedyn bod gwaith mawr o'u blaenau nhw.

Roedd hi'n bnawn Sul pan ddaeth yr alwad sydd wedi aros gyda fi ers hynny. Ro'n ni ar y ffordd 'nôl o alwad arall ac yn barod i gael hoe, a dweud y gwir. Roedd angen i fi newid batris y cit hefyd ar ôl ffilmio'r digwyddiad blaenorol. Roedd hi'n ddiwrnod poeth a phawb wedi blino. Pan o'n i'n trio newid batris y camera daeth galwad i mewn ac o'n i'n gwrando ar y manylion.

Mam... Babi un ar ddeg wythnos oed... *newborn*... Atebodd y peilot ein bod ni ond munud bant a gofynnodd am fwy o fanylion.

"We're just overhead, approaching Baglan Road, we've got visuals of the incident. Do you have any updates on the injuries, over?"

"The mother had the baby strapped to her chest. A car lost control, mounted the pavement and went over mother. Baby is crying, but the mother is currently not moving, over."

Tom Archer a Jason Hughes oedd y parafeddygon yn yr

hofrennydd y diwrnod hwnnw a daeth eu hymateb nhw yn syth. Ro'n ni'n cylchu uwchben Port Talbot whap a'r peilot yn chwilio am rywle call i ni lanio. Y lle gorau oedd mewn maes parcio.

Yn aml, dyw'r cyhoedd ddim yn deall bod angen iddyn nhw gadw draw o'r hofrennydd. Mae dau barafeddyg yn eistedd yn yr hofrennydd fel arfer. Jobyn yr un yn y blaen yw sicrhau bod yr hofrennydd yn glanio'n ddiogel a bod y cyhoedd yn cadw'n ôl, tra bod y parafeddyg yn y cefn yn mynd at y claf yn gyntaf. Dyw'r un yn y blaen ddim yn cael ymuno nes bod yr hofrennydd yn saff a bod y peilot yn hapus. Mae hofrenyddion yn gallu bod yn beryg o ran y rotors yn troelli a rhaid neud yn siŵr nad oes unrhyw un yn cerdded oddi tanyn nhw. Y tro 'ma, roedd pobl yn dod at yr hofrennydd wrth iddi lanio, felly roedd rhaid i Tom, y parafeddyg yn y blaen, aros gyda'r hofrennydd.

Jason oedd yn y cefn, felly dyma fe a finne'n rhedeg mas o'r maes parcio. Y drefn oedd fy mod i'n cau fy ngheg a jyst dilyn. Y ddealltwriaeth rhyngon ni oedd, os o'n i'n gallu neud rhywbeth i helpu, bydden nhw'n gofyn i fi, a basen i'n helpu i gario cit ac ati.

Digwydd bod, wrth i ni lanio, dyma gar heddlu yn rasio lan aton ni. Neidion ni i mewn i hwnnw a chael lifft i safle'r ddamwain. Erbyn hyn roedd hi rhyw dair munud ar ôl yr alwad 999.

Pan gyrhaeddon ni, roedd y lle fel *carnage* – babi bach yn

sgrechen, a'r fam, neu fenyw yn styc o dan gar Mercedes du – ac roedd Jason yn cario'i fag mawr ar ei gefn, yn rhedeg nerth ei draed. Sylwes i ar ymateb Jason yn syth.

Wsh! Gosododd ei fag i lawr ar y llawr a dechrau siarad â'r bobl oedd yn dal y babi. Digwydd bod, ro'n nhw'n nyrsys *off duty*. Roedd hynna'n fendith i Jason achos o't ti'n gallu gweld bod ei ddwylo fe'n llawn.

Gofynnes i'n glou, "Do you need anything?"

"No," atebodd e.

Fel arfer, pan fydden ni'n cyrraedd lleoliad gyda jyst dau ohonon ni, a'r ail barafeddyg wedi methu dod, bydde rhywbeth allen i ei neud i helpu. Bryd hynny bydden i'n rhoi'r camera i lawr a falle neud CPR neu rywbeth os oedd trawiad ar y galon wedi digwydd. Ond, y tro hyn, roedd y sefyllfa mor ddifrifol, doedd dim byd o'n i'n gallu'i neud.

Dwi'n cofio cymryd cam 'nôl a jyst ffilmio popeth oedd yn digwydd. Y ffordd o'n i'n gallu delio â'r sefyllfa oedd jyst cyfri, er mwyn sicrhau bod fy siots i'n ddigon hir. Pan mae'r adrenalin yn llifo roedd gyda fi duedd o gymryd siots rhy fyr achos roedd fy meddwl i ar ras. O'n i'n trio bod yn wyddonol am y peth a chymryd siot o hwn, siot o'r llall, ond ar yr un pryd yn trio asesu beth oedd yn digwydd o 'nghwmpas i. O'n i angen deall beth oedd wedi digwydd, er mwyn gallu dweud y stori wedyn.

Gwelais i fod wal garreg wedi'i dymchwel. Roedd y car wedi taro i mewn i'r wal, codi lan ar ben y pafin, ac roedd y fenyw oedd yn cerdded ar y pafin wedi mynd yn sownd o dan y car. Roedd hi'n amlwg mewn cyflwr gwael. Doedd hi ddim yn siarad rhyw lawer. Yr unig beth roedd hi'n ei wneud oedd galw mas am ei babi bach. Roedd hwnnw wedi cael ei daflu mas o'r sling oddi ar fola'i fam i'r hewl, ac roedd e'n sgrechen.

Ro'n i'n gallu dweud o wylio Jason bod y ddau mewn cyflwr difrifol. Roedd e'n mynd ar y radio ac yn rhoi'r diweddaraf i weddill y criw a galw am fwy o gymorth. O'n i'n clywed hynna, yn clywed beth oedd yr anafiadau ac yn sylwi ar eiriau allweddol, termau meddygol, a meddwl, dyw hyn ddim yn swnio'n grêt.

Y cyfan o'n i'n gallu meddwl oedd bod eisiau i fi gadw mas o'r ffordd, a dal ati i ffilmio. Beth o'n i moyn neud oedd estyn rhywbeth, neu helpu, ond doedd dim byd o'n i'n gallu'i neud heb hyfforddiant. Ti'n teimlo'n eitha diymadferth, mewn ffordd, wedyn.

Yna roedd dynion tân a mwy o heddlu'n cyrraedd. Os dwi'n cofio'n iawn, roedd yr heddlu'n gofyn beth yffach o'n i'n neud yna. Roedd rhaid i fi egluro 'mod i gyda'r criw ac nad oedd y lluniau'n cael eu darlledu'n syth. Roedd hi'n gyfres oedd wedi bodoli ers tipyn, felly fel arfer roedd y gwasanaethau brys yn deall hynny ac roedd rhyw fath o ddealltwriaeth proffesiynol rhyngon ni. Ond roedd hi'n frwydr feddyliol i fi bob tro o'n i ar leoliad. Yn fy mhen o'n i'n meddwl, beth yffach ti'n neud yn ffilmio'r bobl 'ma, Helen? Maen nhw'n ddifrifol wael. Faset ti'n licio i dy deulu di gael eu ffilmio fel hyn? Dyna oedd y frwydr yn fy mhen i drwy'r amser.

Ond dyna pam o'n i yna.

Dwi'n credu 'nes i frwydro mwy gyda hynny yn y gyfres gynta. Ar ôl y gyfres gynta o'n i wedi bod yn cyfarfod lot o'r bobl o'n i wedi bod yn ffilmio. Roedd hynna'n lot o gysur i fi achos roedd sawl un wedi dweud diolch wrtha i am ffilmio, ro'n nhw'n teimlo'i bod hi'n braf gallu gweld beth oedd wedi digwydd iddyn nhw. Ro'n nhw'n dweud wrtha i bod gwylio'r cyfan wedi bod yn help iddyn nhw symud mlaen.

Y gwir amdani yw, y rheswm roedd yr elusen Ambiwlans Awyr wedi cytuno i ni ffilmio oedd gan fod y gyfres yn dod â thipyn o arian iddyn nhw. Roedd gweld gwaith dewr a phwysig y criwiau yn ysgogi pobl i roi arian i'r elusen. Felly yn fy mhen i ro'n i'n rhyw fath o drio cyfiawnhau be o'n i'n neud.

O'n i'n meddwl, "Dwi yma, dyw pawb ddim yn mynd i fod yn hapus 'mod i yma, ond mae'n rhaid i fi jyst cadw fynd achos ti ddim yn gwbod beth sy'n mynd i ddigwydd."

Pan gyrhaeddodd y timau ambiwlans, penderfynodd Tom, y parafeddyg arall, gymryd y babi a mynd i Ysbyty Treforys, deg munud i ffwrdd. Roedd e'n dal i sgrechen. O'n i gyda Jason o hyd, yn edrych ar ôl y fam. Roedd popeth yn symud yn gyflym iawn ac roedd ei chyflwr hi'n dirywio yn glou. Roedd e i gyd yn *blur* mewn ffordd.

Does dim lot o amser i feddwl pan ti yn ei chanol hi. Ti jyst ar ryw fath o *treadmill* a ddim yn cael lot o gyfle i feddwl achos mae popeth yn digwydd mor glou. Ti'n trio bod yn broffesiynol, cael y siots, cadw mas o'r ffordd, neu helpu os oes modd, a jyst neud fy ngwaith a'i neud e'n dda.

"She was complaining of abdominal pain and pelvic tenderness," medde Jason wrtha i yn ddiweddarach yn y cyfweliad i'r rhaglen. "In the pelvis you can lose a lot of circulating body fluids into your abdomen and you can die of internal hemorrhage."

Roedd curiad calon y fam yn beryglus o uchel a'i phwysedd gwaed yn isel, ac roedd Jason yn amau ei bod wedi cael twll yn ei hysgyfaint. Roedd ei bywyd mewn perygl ac roedd angen gofal brys arni yn yr ysbyty er mwyn iddi gael unrhyw siawns o oroesi. Daeth y penderfyniad i fynd â hi mewn ambiwlans ffordd i'r ysbyty gan na fydde fe'n gynt i fynd yn yr awyr. Ond yn yr ambiwlans roedd hi'n gwaethygu. Doedd dim digon o ocsigen yn cyrraedd ei horganau hi. Roedd hi'n cael trafferth anadlu, ac roedd yn ymddangos bod ci chorff yn rhoi'r gorau i weithio.

O'n i'n ffilmio yn yr ambiwlans wrth i hyn i gyd ddigwydd, yn ffilmio'r parafeddyg yn ei lifrai gwyrdd yn ei hannog yn dawel i gadw ei llygaid ar agor.

"Keep those eyes open for me, ok."

Sai'n cael amser i feddwl tan ar ôl diwrnod gwaith fel arfer. Dwi'n cofio gyda'r digwyddiad yma, roedd y ddau glaf wedi cael eu cludo i'r ysbyty, ro'n ni'n ôl yn yr *air base* yn Abertawe ac roedd hi'n ddiwedd y shifft. O'n i wedi glanhau'r hofrennydd ac wedi sortio'r cit ffilmio i gyd, ac ro'n ni'n cael *sit down* bach ar ddiwedd y dydd.

A dyna pryd dwi'n cofio Jason yn dweud wrtha i, "Dyw pethach ddim yn edrych yn dda i'r ddau yna, Helen."

Y gwir yw, roedd hi wedi torri 19 o'i hasennau, cael twll yn ei hysgyfaint a difrodi ei hafu. Fe weithiodd llawfeddygon am ddeuddeg awr i ffitio platiau i'w hasennau, pinio'i phelfis a'i braich dde.

Yn fy mhen bach i, o'n i'n obeithiol. Roedd y ddau wedi cael eu brysio i'r ysbyty, ac o'n i'n deall eu bod nhw'n ddifrifol wael, ond o'n i'n dal i deimlo eu bod nhw mor lwcus bod y criw awyr yna o fewn tair neu bedair munud i'r ddamwain ddigwydd.

"Gobeithio'u bod nhw'n mynd i fod yn iawn," dwedes i.

A dwi'n cofio Jason yn fy mharatoi i a dweud, "Mmm, dyw pethach ddim yn edrych yn grêt."

Sai'n siŵr os taw achos bod babi bach wedi'i anafu gath e fwy o effaith arna i, ond na'th Jason eistedd i lawr gyda fi wedyn. Mae'r parafeddygon yn dilyn eu cleifion i weld beth sy'n digwydd nesaf. Maen nhw'n cadw cysylltiad â'r ysbyty ac am y dyddiau wedyn doedd hi ddim yn edrych yn dda.

Bu'r fam mewn coma am bythefnos, ac yna yn yr uned gofal dwys am dri mis. Wedyn, ces i fynd ati.

Dyna oedd yr ymweliad anoddaf i fi ei neud.

Ond dyna oedd y broses. O'n i'n ffilmio gyda nhw pan ro'n nhw'n cael eu hanafu, ac wedyn, bydde rhai wythnosau yn pasio cyn i fi drio ffeindio mas sut o'n nhw. Wedyn, basen i'n mynd 'nôl at y teuluoedd a gofyn yn garedig fasen nhw'n hapus i ni ddefnyddio'r deunydd mewn rhaglen, a bydden i'n mynd 'nôl i ffilmio gyda nhw yn y pen draw. Dyna beth ro'n ni'n anelu ato.

Debora oedd enw'r fam, ac Eli oedd ei mab bach.

Dwi'n cofio'r cyfweliad yn iawn, clywed am ei hanafiadau a chael sgwrs gyda hi wedyn a theimlo rhyfeddod. Waw.

Ar ôl iddi ddihuno o'r coma, bu'n rhaid i'w gŵr ddweud wrthi beth oedd cyflwr Eli, ei babi bach. Roedd e wedi torri ei belfis, dwy goes a chael trawma i'w *urethra*. Roedd ei gyflwr mor ddifrifol nes iddo gael ei drosglwyddo i Ysbyty Athrofaol Caerdydd, lle roedd mwy o arbenigwyr paediatrig. Doedd yr arbenigwr erioed wedi gofalu am blentyn mor fach gydag anafiadau tebyg o'r blaen a bu'n rhaid galw am gymorth arbenigwyr o Ysbyty Great Ormond Street yn Llundain. Pan oedd e'n ddeuddeg mis, cafodd Eli lawdriniaeth arall. Diolch byth, roedd honno'n llwyddiannus.

Dyna un o'r cyfweliadau cyntaf i fi ddechrau teimlo'n emosiynol a gorfod dal y dagrau'n ôl. Achos, dwi'n credu ei fod e wir wedi effeithio arna i.

Ar ôl y sgwrs gyda Jason, o'n i wedi derbyn nad oedd hwn yn mynd i fod yn ddiweddglo y mae pawb ei eisiau. Mewn ffordd, roedd y bois wedi 'mharatoi i am y gwaethaf. Doedd pethe ddim yn edrych yn dda am sbel.

Felly, roedd cael mynd 'nôl a gweld y plentyn bach ar ei draed yn chwarae'n hapus gyda'i fam wir wedi cyffwrdd fy nghalon i. O'n i'n gallu gweld ei bod hi dal yn dioddef chydig, ond roedd hi yma, yn fyw, i fod yn fam i'w babi. A des i ddysgu wrth siarad â hi gymaint roedd hi wedi bod drwyddo i fod yn fam yn y lle cyntaf. Roedd hi'n fam hŷn, a dim ond un ar ddeg wythnos oed oedd y babi, ac ar ôl aros mor hir i'w gael e ei phryder mwyaf yn ei phoen adeg y ddamwain oedd meddwl os oedd y babi yn mynd i oroesi.

Beth oedd wedi digwydd oedd bod gyrrwr y Mercedes wedi cwympo i gysgu wrth yr olwyn. Fe blediodd hi'n euog i achosi niwed difrifol drwy yrru'n beryglus a chafodd ei dedfrydu i 20 mis yn y carchar.

Roedd meddwl beth oedd y bois ambiwlans awyr wedi neud y diwrnod hwnnw yn rhoi ias i fi unwaith eto. Ro'n nhw i fod ar eu ffordd 'nôl i'r *base* i gwpla'u shifft, ond pan glywon nhw bod damwain arall, aethon nhw'r filltir ychwanegol i gyrraedd yna.

O'n i mor falch eu bod nhw fel teulu 'nôl gyda'i gilydd, ond hefyd, bod y bobl o'n i wedi tyfu mor ffond ohonyn nhw wedi achub eu bywydau nhw.

A gyda'r ddamwain yma doedd pethe ddim yn edrych yn dda. Ond na'th y ddau ddod trwyddi. A nawr, ro'n nhw mor falch 'mod i wedi ffilmio'r cyfan a bod modd dangos i bawb beth oedd wedi digwydd. Wrth gwrs, roedd hi'n cytuno i ni ddefnyddio'r deunydd achos mae'n dangos pa mor anhygoel yw'r bobl na'th achub ei bywyd hi a'i babi bach.

Edrychodd hi i mewn i'n llygaid i a dweud: "Oni bai am help y gwasanaethau brys y diwrnod 'ny fasen i ddim yma. Dwi'n ddiolchgar iawn, iawn."

Dwi'n fam fy hunan erbyn hyn, a sai'n siŵr sut fasen i'n ymdopi tasen i ar leoliad damwain nawr. Yn aml bydde rhywbeth yn fy nghyffwrdd i a'n ypseto i wrth ymateb i ddigwyddiad. Ond o'n i methu dangos hynny, achos nid fy emosiwn i oedd yn bwysig. Beth oedd yn bwysig oedd bod y claf yn cael y driniaeth orau posib. Felly do'n i ddim eisiau i unrhyw beth o'n i'n ei neud effeithio ar y criw. Do'n i ddim eisiau bod unrhyw un o'r parafeddygon yn gorfod troi ata i a gofyn, "Wyt ti'n ocê?"

I fi, roedd brwydr fewnol o hyd, "Helen, tynna dy hunan at ei gilydd. Mae'r bobl 'ma i gyd yn y gwasanaethau brys yn neud eu job, ti'n un ohonyn nhw mewn ffordd, neu o leia, ti angen bihafio fel un, er lles y bobl 'ma."

O'n i'n gweld trawma drosodd a throsodd wrth ffilmio'r gyfres. Y gwirionedd amdani yw, sai'n gallu gweld sut mae unrhyw un yn gallu dweud nad yw e'n effeithio arnyn nhw.

O'n i'n lwcus iawn bod y criwiau mor gefnogol ohona i fel unigolyn. Achos a bod yn deg, nid nhw na'th ddweud eu bod nhw eisiau camera yn eu dilyn. Pobl uwch eu pennau nhw ac uwch fy mhen i oedd wedi neud y cytundeb. Faset ti'n lico i rywun dy ffilmio wrth dy waith bob dydd? Fasen i ddim! Felly roedd rhaid i fi barchu hynna a 'nes i ffrindie ofnadwy o dda gyda nhw.

Ro'n nhw'n hen law ar weld trawma. Felly ro'n nhw'n tsieco 'mod i'n ocê, yn siarad y peth drwodd. Ro'n nhw wedi dechrau ar yr ambiwlans tir, a gweld jobsys llai i ddechre. Felly ro'n nhw wastad yn dweud wrtha i 'mod i wedi dod i mewn yn y pen dwfn a gweld y trawmas gwaethaf yng Nghymru gyntaf.

Felly, ro'n nhw'n teimlo ei bod hi'n bwysig siarad pethach trwyddo gyda fi. Heb os, mae'r profiad wedi bod yn un sydd wedi 'yn newid i, a newid y ffordd dwi'n edrych ar y byd.

Mae'n rhywbeth dwi'n teimlo anrhydedd o fod wedi cael ei neud. Dwi wedi cael gweld gwaith y rhain yn achub bywydau pobl.

A sdim byd yn well nag achub bywyd rhywun, oes e?

# RHODRI LLYWELYN

Sigo'r ddaear

"*No one should ever see this amount of devastation.*"

*Newyddion S4C,* BBC Cymru

Chwefror 11 2021

Rwy'n dal yn gallu arogli'r mwg a'r dwst oedd yn yr awyr. Roedd e'n gymysgedd o ddwst a choncrid yr adeiladau oedd wedi dymchwel a mwg y tanau roedd pobl yn eu cynnau ar gornel pob stryd, achos yn amlwg, doedd dim cartrefi ar ôl gan bobl.

Mae gwylio'r adroddiadau yn dod ag erchylltra'r sefyllfa yn ôl. Mae'n mynd â fi'n syth yn ôl i lle ro'n ni; y cymeriadau naethon ni gwrdd â nhw, ond hefyd yr arogleuon a'r synau i gyd. O ran y synhwyrau, sai wedi profi dim byd tebyg.

Roedd pawb tu fas. Os oedd darn o gynfas uwch eu pennau, ro'n nhw'n lwcus. Fel arall, ro'n nhw ar y stryd, yn yr oerfel. Roedd hi'n fis Chwefror, felly roedd hi dal yn oer ac eira ar y copaon o hyd. Roedd pawb yn cynnau tân i drio cadw'n dwym, a'r lle'n drwch o fwg. A'r arogl yna. Ar ôl dod adre o'n i ffaelu aros i olchi 'nghot, a hyd yn oed nawr os 'na i arogli barbeciw mae'n mynd â fi'n syth yn ôl i lle ro'n ni.

Na'th y daeargrynfeydd daro yn ystod oriau mân bore dydd Llun, y chweched o Chwefror, 2023. Rwy'n cofio dihuno am chwech y bore, a'r daeargryn oedd y drydedd stori yn y bwletin newyddion. Roedd daeargryn 7.8 wedi taro de-ddwyrain Twrci, yn agos i'r ffin â Syria. Roedd degau wedi marw, a channoedd wedi'u hanafu.

Erbyn cyrraedd y gwaith, roedd y degau wedi troi'n gannoedd o farwolaethau. Daeth ail ddaeargryn 7.7 wedyn yng nghanol Twrci.

Ac erbyn canol pnawn dydd Llun roedd y ffigyrau yn y miloedd, a dyna pryd y gwnaed y penderfyniad i geisio mynd i Dwrci. Roedd e'n benderfyniad doeth, achos mae angen ymateb yn gyflym.

Ben bore dydd Mawrth o'n ni ar ein ffordd – fi a fy nghyd-ohebydd, Iwan Griffiths. Doedd cyrraedd yno ddim yn hawdd achos bod cymaint o alw am hediadau i Istanbul, yn enwedig i Adana. Roedd y gweithwyr achub yn llenwi'r awyrennau – oedd yn ddigon teg. Felly gyrhaeddon ni yn ystod oriau mân bore dydd Mercher, 48 awr ar ôl i'r daeargrynfeydd daro. Ond roedd hynny dal yn ddigon cynnar, gobeithio, i allu cyfleu gwir emosiwn amrwd y sefyllfa. Yn enwedig y ffaith bod achub yn digwydd, bod 'na bobl yn cael eu darganfod yn fyw, yn ogystal â thrasiedi yr holl farwolaethau hefyd.

Tra bod 'na obaith, roedd pobl yn fodlon siarad am eu profiadau, a hynny'n eitha agored. Ond wrth i amser fynd yn ei flaen, ac wrth i'r gobaith o ddarganfod pobl yn fyw ddechrau crebachu, mae'r awyrgylch yn gallu newid. Mae pobl yn fwy drwgdybus o newyddiadurwyr ac mi roedd mwy o eiriau croes yn digwydd.

Roedd naws y stori wedi newid cryn dipyn erbyn diwedd yr wythnos. Ond roedd y penderfyniad gwreiddiol yna i fynd yn gynnar yn golygu bod ein hadroddiadau ni gymaint yn fwy pwerus ac yn gallu cyfleu dyddiau cynnar y drychineb, yn fwy na phetaen ni wedi mynd ddiwedd yr wythnos.

Gethon ni ein casglu ar y bore dydd Mercher hwnnw ym maes awyr Adana Şakirpaşa gan ddyn o'r enw Kubilay Çakir, newyddiadurwr oedd yn gweithio fel *fixer*. Dyna'r term am y gwaith roedd e'n ei neud i'n helpu ni gyda phob math o bethau – trafnidiaeth, cyfieithu, dod o hyd i bobl i gyfweld â nhw a rhoi cyngor hefyd. Oherwydd pwy y'n ni i fynd i mewn ac adrodd gydag awdurdod ar y sefyllfa yno heb help rhywun lleol sy'n adnabod y wlad, yn adnabod y sefyllfa gymaint yn well na ni? Felly gethon ni ein casglu mewn fan, tebyg i fws mini bach, a dyna oedd ein trafnidiaeth ni, ein swyddfa ni, a'n llety ni am wythnos gron.

Ro'n ni wedi cael neges yn hwyr iawn y noson cyn gadael yn dweud wrthon ni i fynd â sach gysgu. Diolch i

Dduw am y neges honno achos buon ni'n cysgu yn y fan am ryw bum, chwe noson. Dim ond sach gysgu oedd gyda fi i wahaniaethu rhwng y dydd a'r nos, i bob pwrpas. Dyna lle ro'n ni'n byw a bod, heblaw am y cyfnodau yn mynd o gwmpas y lleoliadau lle roedd 'na ddinistr i siarad â phobl ac i ffilmio.

Dim ond bag du llawn bara ac ambell dun o diwna a jariau o Nutella oedd gyda ni yng nghefn y fan i fwyta. Ond rhaid cofio, roedd hynny'n dipyn mwy nag oedd gan bobl Twrci oedd wedi colli popeth. *Wet wipes* oedd y ffordd o geisio ymolchi bob dydd; hynny yw, doedd dim siopau, dim cyfleusterau. Roedd hyd yn oed yr adeiladau oedd yn dal i sefyll yn rhy beryglus i'w defnyddio, felly ro'n ni'n gorfod byw a bod mas o gefn fan. Ar y pryd, roedd 'na rywfaint o awydd ar y timau cynhyrchu 'nôl adre i ni gyfleu hynny yn ein hadroddiadau.

Do'n i ddim yn teimlo bod hynny'n addas.

Hynny yw, roedd beth oedd gyda ni yn dipyn gwell na'r person cyffredin yn Nhwrci oedd wedi colli pob dim. Alla i siarad am hynny'n fwy agored nawr, ond mae'n dal yn neud i fi deimlo'n anghyffordus, achos fel o'n i'n gweud, roedd gyda ni fwy na llawer o bobl.

Yn ninas Kahramanmaraş, ro'n ni'n mynd i'r mosg i ddefnyddio'r cyfleusterau tŷ bach ac i ymolchi rhywfaint. Dyna oedd un o'r adeiladau prin oedd â'i ddrysau'n agored a chaniatâd i fynd i mewn. Roedd hynny'n brofiad diwylliannol diddorol hefyd, i fynd i'r mosg lle roedd 'na deuluoedd, menywod a phlant yn cael lloches, yn ystod y dyddiau wedi'r daeargrynfeydd.

Mi roedd ffydd yn rhan ganolog o'r stori. Yn Islam, mae angen claddu'r cyrff yn fuan iawn ar ôl iddyn nhw gael eu darganfod. Ynghanol y dinistr, ynghanol y chwalfa yn y dinasoedd, roedd Kubilay, oedd yn gweithio gyda ni, yn mynd i'r mosg i addoli ar bob cyfle posib. Bydde fe'n dangos y ffordd i fi lle roedd y tai bach o dan y mosg, gan ddweud: "See you in ten minutes. I'm just going to pray."

Ynghanol hyn i gyd, roedd e'n dal i deimlo'r angen i fynd i weddïo bum gwaith y dydd. Roedd e'n dangos pa mor gryf oedd ffydd i bobl a bod teuluoedd yn troi at y mosg am gymorth mewn cyfnod anodd. Roedd hynny'n amlwg.

Yn symbolaidd, roedd un mosg yn benodol yn Kahramanmaraş yn dal i sefyll yn grand ar y bryn, tra oedd pob dim o'i gwmpas wedi chwalu. Delwedd sy'n aros gyda fi...

Mae 'na lot o benderfyniadau moesol anodd i'w neud wrth ohebu mewn argyfwng fel y daeargrynfeydd. Rwy'n dal yn reslo gyda nhw yn feddyliol. Mi roedd gweithwyr dyngarol erbyn ein cyfnod olaf ni yno'n cynnig cawl neu frechdanau i ni eu bwyta, ac mi naethon ni fanteisio ar hynny mewn ambell le. Ond a oedd hi'n iawn ein bod ni'n cymeryd bwyd pan oedd eraill ag anghenion llawer dwysach na'n rhai ni? A ddylen ni fod wedi cymryd tair sedd ar yr awyren yna o Adana? Roedd yr awyrennau'n cael eu gosod yn rhad ac am ddim fel rhan o'r ymdrechion i gael pobl o'r dinistr. A ddylen ni fod wedi cymryd y seddi hynny tra oedd eraill yn aros i ffoi hefyd? Dwi ddim yn siŵr os yw'r ateb gen i.

Y ffaith yw, naethon ni aros tan y funud ola – doedd neb arall eisiau'r seddi i Ankara. Ro'n nhw eisiau mynd i Istanbul, felly mi naethon ni fachu ar y cyfle i fynd oddi yno. Oedd e'r penderfyniad cywir? Dyn a ŵyr.

Ydy hi'n iawn i ffilmio pobl mewn gwewyr difrifol fel hyn? O'n i'n iawn i fynd i siarad â nhw? I holi am eu teimladau, yn gofyn cwestiynau am eu teuluoedd a'u colledion? Oes ateb cywir? Dwi ddim yn siŵr, ond maen nhw'n gwestiynau ac yn broblemau moesol sy'n wynebu rhywun wrth ohebu mewn llefydd tebyg, a gorfod neud penderfyniadau yn gyflym iawn ar fyr rybudd.

Mae'r penderfyniadau hynny, a'r dewisiadau gorfon ni eu neud, yn dal i chwarae ar fy meddwl...

Ar ôl daeargrynfeydd mor ddinistriol, y straeon o achub sy'n rhoi gobaith i bobl. Wrth achub pobl, roedd y gwaith chwilio yn parhau gydag arddeliad a gwir ymdrech.

Pan naethon ni gyrraedd yno, do'n i ddim yn gwybod a fydden ni'n gweld hynny o gwbl, ond fe welon ni bobl yn cael eu hachub ar fwy nag un achlysur. Ar y cychwyn, y peth cynta welon ni o gyrraedd dinas Kahramanmara oedd teulu o dri – mam a dwy ferch – yn cael eu hachub. Wrth i'r wythnos fynd yn ei blaen, roedd yr achosion yn prinhau, wrth gwrs. Ond ro'n nhw'n cynnig gobaith yn bendant.

Beth oedd yn anodd oedd bod y llawenydd o achub pobl, a'r ddrama fach hapus honno, ym mha bynnag leoliad, ochr yn ochr ag ing, marwolaeth ac angau, a chorff arall yn cael ei dynnu o ganol rwbel. O bosib o'r un adeilad.

Naethon ni ddweud, Iwan a finnau, ar fwy nag un achlysur, bod bywyd a marwolaeth yn gorwedd ochr yn ochr. Roedd y gweithwyr achub wedi llwyr ymlâdd ar ôl bod yn cloddio am oriau. Ro'n nhw'n gorwedd ar lawr heb egni wrth ymyl cyrff marw mewn bagiau oedd wedi'u tynnu o weddillion yr adeiladau. Roedd y gwrthgyferbyniad mor agos o ran daearyddiaeth, ond mor bell o ran emosiwn, yn rhyfeddol, a bod yn onest. Ac roedd hynny'n anodd i'w brosesu pan o'ch chi yno, yn ei chanol hi.

A ble mae'r balans wrth ohebu fel newyddiadurwr? Faint o'r straeon gwyrthiol hynny o lawenydd yr achub y'ch chi'n eu cynnwys yn eich adroddiadau, a faint o greulondeb y lladd, a'r cyrff marw oedd yn cael eu tynnu o'r rwbel? Beth yw'r cydbwysedd rhwng un a'r llall y'ch chi'n ei gynnwys? Dyna'r math o benderfyniadau sydd angen eu gwneud mewn amser byr iawn, ynghanol emosiwn y digwyddiad.

A dyna lle o'n i'n lwcus. Roedd Iwan a finnau'n gallu

helpu ein gilydd gyda'r penderfyniadau yma o ran ein sgriptio a'n golygu ac roedd gyda ni help arbennig yn Kubi ac Umut Ayar oedd yn ein gyrru ni o gwmpas, yn cyfieithu ac yn helpu, a gwneud gwaith camera. Mae'n waith tîm go iawn i benderfynu beth yw trywydd a naratif yr adroddiadau sy'n cael eu creu. Y gwirionedd yw, o ran y stori fawr, graddfa'r dinistr a'r lladd ar draws Twrci a Syria, mae'n debyg y bydden ni'n gwybod mwy am hynny yn eistedd wrth gyfrifiadur mewn stafell newyddion yng Nghaerdydd. Ond y gyfrinach – a'r dasg a'r her – yw ceisio dweud y stori ehangach drwy ganolbwyntio ar unigolion, neu leoliadau penodol.

Y bobl naethon ni gyfarfod â nhw oedd yn adrodd stori fawr y daeargryn a'r hyn ddigwyddodd.

Yn Iskenderun, daethon ni ar draws adeilad lle roedd y nenfwd yn gorwedd ar y gwely. O ran delwedd, roedd yn arbennig o bwerus. Roedd y lloriau, un ar ben y llall, yn un bwndel. Dyna oedd yn wynebu pobl oedd wedi cael eu dal ganol nos a'r nenfwd yn syrthio arnyn nhw. Roedd y ddau oedd yn y gwely, Nurettin a Fidan, wedi llwyddo i neidio oddi ar y gwely mewn pryd cyn i'r nenfwd gwympo. O'n nhw'n ffodus. Roedd Fidan yn gwisgo pâr o sgidie tebyg i Crocs piws gafodd hi gan gymydog ar ôl iddi ddianc yn droednoeth o'r tŷ. Bu farw'r cymydog yn ddiweddarach.

Roedd yr adeiladau wedi dymchwel fel dominos.

Dychmyga gacen, a'r haenau gwahanol yn y gacen wedi syrthio ar ben ei gilydd. Doedd dim gobaith gan bobl oroesi sefyllfaoedd fel'ny. Dyna oedd yn gyfrifol am y ffaith bod 55,000 a mwy wedi marw yn y daeargrynfeydd. Roedd Nurettin a Fidan yn cyfri eu hunain yn lwcus fel y cyfryw. Roedd eu meddyliau nhw gyda'r rhai nad oedd mor ffodus, y rhai fu farw yn y drychineb.

Dau o'r rheiny oedd rhieni Zahide. Daethon ni ar ei thraws hi yn eistedd ar gelficyn gardd ar y darn 'ma o wair. Roedd hi bron yn ddiemosiwn, yn syllu'n syn ar weddillion ei thŷ wrth i beiriannau trwm grafangu drwy'r rwbel. Roedd corff ei mam o dan y cyfan. Roedd hi wedi gorfod neud penderfyniad sy'n amhosib i'w ddirnad. Cafodd corff ei thad ei dynnu o'r adeilad yn farw ond fethon nhw ddod o hyd i gorff ei mam.

Roedd y gobaith o ddod o hyd iddi yn fyw wedi hen fynd. Roedd y gobeithion o achub y corff tra oedd yr adeilad yn dal i sefyll wedi diflannu hefyd. Roedd hi wedi gorfod rhoi caniatâd i'r adeiladwyr ddymchwel yr adeilad, a chorff ei mam dal yno...

Roedd hi'n iste yn disgwyl am unrhyw newyddion. Yn gobeithio'r gorau, ond yn ofni'r gwaethaf. Na, roedd hi'n gwybod bod y gwaetha i ddod, rwy'n credu. Ond eto, roedd hi'n fodlon siarad â ni. O'n i'n teimlo'n freintiedig bod rhywun yn ei sefyllfa hi yn fodlon siarad â ni. Alla i ddim dweud y bydden i'n fodlon neud yr un peth, a bod yn onest. Ond roedd pobl Twrci eisiau i'w straeon gael eu clywed gan bobl ym mhedwar ban byd fel rhan o'r apêl cryf am help, falle.

Gyferbyn â Zahide roedd Shenel yn colli deigryn wrth ddangos beth oedd ar ôl o'i gartref. Roedd y llawr cyntaf wedi dymchwel yn llwyr ac yn gwasgu'n dynn i'r ddaear. Roedd ei chwaer yng nghyfraith wedi marw.

Doedd dim ar ôl o'i fywyd clyd.

Yn ddiweddarach y noson honno dyma Kubilay yn cael neges gan Zahide. Ro'n nhw wedi cyfnewid rhifau ffôn, a na'th hi gadarnhau bod corff ei mam wedi cael ei ddarganfod ar ôl i'r adeilad gael ei ddymchwel. Roedd hi nawr yn gallu bwrw mlaen i gladdu'r corff.

Roedd hi am ddweud pa mor ddiolchgar oedd hi am gael dweud ei stori.

Mae hynny'n fraint.

O ran y lleoliad yn Iskenderun. Dyna oedd y diwrnod naethon ni ddechre'r daith i adael Twrci.

Ro'n ni wedi parcio'r fan oedd yn llety, yn weithle, yn stafell olygu, yn bopeth i ni tra oedden ni yn Nhwrci. A 'nes i ddim cerdded mwy na hanner can llath yn yr hanner awr buon ni yn y lleoliad. Naethon ni gwrdd â Zahide, Nurettin a Fidan, y ddau oedd wedi dianc o'r gwely a'r nenfwd yn gorwedd ar y matres. A Shenel, a sawl un arall hefyd.

Un lleoliad. Poced fach. Cymuned fechan iawn lle

roedd 'na gymaint o straeon unigol gwahanol o angau ac o oroesi.

Roedd symboliaeth anhygoel yn y matres, yr esgidiau a'r nenfwd. Yr olwg yn llygaid Zahide hefyd. Ond dim ond un ardal fach oedd hi. Hynny yw, yn y ddinas yna yn Iskenderun, roedd cannoedd o gymunedau eraill wedi cael eu taro yn yr un modd, gyda chymeriadau tebyg ym mhob un. Ac roedd hynny'n cael ei luosi ar draws deg o ddinasoedd, deg o ranbarthau, talp enfawr o wlad enfawr.

Pan feddyliwch chi am hynny, dyna pryd chi'n sylweddoli beth oedd maint y dinistr yno. Naethon ni dreulio pum diwrnod yn y wlad a phrin iawn y daethon ni ar draws newyddiadurwyr eraill. Prin iawn y gwelon ni griw camera arall.

Fel arfer mae 'na leoliad i stori ac mae'r wasg i gyd yn mynd yno, a'r newyddiadurwyr yn cystadlu am y lle gorau i fod, am y lleisiau gorau, mwyaf pwerus. Ond y tro hwn, roedd pawb ar wasgar yn y gwahanol ardaloedd. Roedd e'n rhoi syniad o faint a graddfa'r dinistr gafodd ei achosi gan y daeargrynfeydd. Ro'n ni wedi gyrru am ddyddiau, a doedd dim un pentref na chymuned, tref na dinas, heb ddinistr. Deuddydd o yrru. A phobman wedi'i gyffwrdd gan rym natur.

Lleoliad arall buon ni'n gohebu oedd Antakya – hen ddinas Antioch fel mae'n cael ei alw yn y Beibl. Dyma oedd yr ardal i gael ei tharo waethaf gan y daeargrynfeydd. O'n i'n benderfynol o fynd yno ar ôl clywed ambell adroddiad o'r sefyllfa. Roedd Kubi, oedd yn ein helpu ni, wedi bod ar ei wyliau i Antakya sawl tro. Roedd e'n dweud pethe mawr am ddinas lle roedd diwylliannau amrywiol yn cwrdd, y bwyd môr yn arbennig, a bod traeth mwyaf Twrci lawr y lôn. Ond roedd e wedi ein rhybuddio ni: "Antakya is no more". Dyna roedd e wedi'i glywed. Na'th gwirionedd ei eiriau ein taro ni go iawn.

Doedd dim un adeilad yng nghanol yr ardal lle ro'n ni. Doedd *dim byd* ar ôl yna.

Roedd hi'n gwbl, gwbl druenus.

Fe gyrhaeddon ni, ac anelu am ganol y ddinas. Ar y ffordd daethon ni ar draws tîm achub arbenigol o'r Deyrnas Unedig, a phump o Gymry yn eu plith. Fel mae'n digwydd, cwpwl o newyddiadurwyr o Rwsia oedd yn cyd-deithio gyda ni na'th ddweud eu bod nhw wedi sylwi ar y tîm, ac wedi awgrymu, "Pam nad ewch chi lawr yr hewl i weld os allwch chi ffilmio gyda'r rhein?" Felly dyna beth naethon ni, a digwydd dod ar eu traws nhw. Strocen fach o lwc.

Gethon ni gyfweliad gydag un o'r Cymry yn y tîm, Emma Atcherley. Roedd hi wedi bod yn rhan o'r criw oedd yn chwilio am bobl oedd dal yn fyw o dan y rwbel. "We've been hearing voices inside. We know someone is alive in there," meddai, cyn ychwanegu, "the devastation is on a scale I've never seen before. No one should ever see this amount of devastation."

Pan mae gweithiwr achub o'r tîm rhyngwladol yn dweud nad yw hi wedi gweld unrhyw beth tebyg o'r blaen, nac aelodau eraill o'r tîm, ry'ch chi'n gwbod bod y sefyllfa'n gwbl drasig a thruenus.

Ac yn yr adroddiad o Antakya hefyd, mae stori arall ryfeddol o berson yn cael ei achub ar ôl cant o oriau neu rywbeth tebyg. Umut oedd yn gweithio gyda ni, dyn arall o Dwrci, oedd wedi dweud ei fod wedi clywed bod rhywbeth yn digwydd. Anfonodd neges aton ni yn dweud, "Rhuthrwch lan yr hewl, falle gewch chi luniau trawiadol." Felly, dyna beth naethon ni.

Hap a damwain sy'n dod â deunydd pwerus iawn i adroddiad weithiau; rhywun yn cysylltu yn dweud bod rhywbeth i'w ffilmio fan hyn, neu fod 'na gynnwrf fan draw. Lwc yw e.

Mae Jeremy Bowen, arch-ohebydd tramor y BBC, yn sôn am yr angen i leihau'r pellter rhyngoch chi a'r stori. Mae angen mynd at y stori. Ond ar ôl cyrraedd y stori, ambell waith ry'ch chi'n dibynnu ar rywfaint o lwc i gael y straeon unigol 'ma sy'n cryfhau unrhyw adroddiad.

Falle bydd rhai'n holi pam mae angen i newyddiadurwyr o Gymru, o S4C, deithio i Dwrci at stori lle does dim cysylltiad uniongyrchol, o bosib, gyda Chymru. Ond lleihau'r pellter rhyngddon ni a'r stori yw'r pwynt.

Allen ni ddim fod wedi cynhyrchu pecynnau mor bwerus â'r rhain yn eistedd mewn swyddfa yng Nghaerdydd. Mae angen mynd yno, ac mae'r ymateb gethon ni i'r adroddiadau yma yn awgrymu bod gwylwyr, gwrandawyr a darllenwyr eisiau i'r straeon mawr rhyngwladol yma gael eu hadrodd yn y Gymraeg. A'r unig ffordd i neud hynny'n effeithiol yw i fynd yno...

Naethon ni orfod gadael dinas Antakya ar ôl gweld yr ymdrechion achub. Na'th y lle ddatblygu'n beryglus. Roedd saethu wedi dechrau, a dwyn, a lot o stŵr. Naethon ni ffoi o'r ddinas gan nad oedd pawb yn y tîm yn teimlo'n ddiogel.

Os dwi'n edrych 'nôl ar yr eitemau yna lle ro'n i ac Iwan yn darlledu'n fyw o ganol y dinistr, mae'n rhaid cyfaddef 'mod i'n gallu gweld tristwch yn ein llygaid ni. Yn gallu gweld sylweddoliad o ddifrifoldeb y sefyllfa. Mae'n rhaid cofio ein bod ni'n sefyll fan'na mewn man lle gallen ni droi mewn cylch, a'r cyfan oedd o'n cwmpas ni ym mhob man oedd dinistr.

Mae bod yn rhywle fel'na... Mae'r stori yn eich llyncu'n llwyr.

Doedd dim dianc o'r stori yma.

Roedd hi mor fawr, a'r dinistr ar raddfa mor anferthol, y peth diwetha o'n i'n gweld wrth geisio cael cwsg yn y nos yn y fan, oedd dinistr. Y peth cynta bydden i'n gweld ben bore, oedd dinistr. Ac felly roedd hi am weddill y dydd. Doedd hi ddim yn sefyllfa oedd yn mynd i gael ei datrys mewn mater o wythnosau na blynyddoedd. Mae degawdau o ailadeiladu i ddod. I bobl Twrci a phobl Syria, maen nhw'n deffro i hynna bob dydd. O'n i'n gweld adroddiadau o Dwrci, fisoedd wedi'r daeargrynfeydd, a doedd hi ddim yn edrych fel tase fawr ddim wedi newid. Mae'n rhaid bod hynny, yn seicolegol, yn anodd dros ben i'r bobl sy'n dal i fyw yno.

Dyma'r tro cynta i fi fod yn gweithio ar stori lle o'n i'n ymwybodol, wrth adael, y galle'r hyn welson ni achosi problemau emosiynol a meddyliol ar ôl dod adre. Gallen i weld sut fydde rhai o'r delweddau 'ma'n dod 'nôl i arswydo rhywun lawr y lein ymhen wythnosau neu flynyddoedd. Felly na'th Iwan a finnau neud pwynt o estyn mas am rywfaint o help, ac fe gethon ni hynny. Yn fwy na dim, naethon ni siarad tipyn gyda'n gilydd am y peth hefyd.

Mae Iwan a finnau'n deall ein gilydd yn eitha da, wedi gweithio lot gyda'n gilydd ac roedd hynny'n help anferthol. O ran y newyddiadura, mae'n sgiliau ni'n eitha tebyg. Tra mae Iwan yn gohebu ar adroddiad, rwy'n ffilmio ac yn helpu gyda'r gwaith cynhyrchu, ac fel arall pan ydw i'n gwneud yr adroddiad i gamera.

Ond yn emosiynol hefyd, roedd e'n help mawr i gael rhywun o'r un meddylfryd a'r un donfedd â chi. Pan o'n ni yno, ond hefyd ar ôl dod adre. Mae 'na lot i'w brosesu am y profiadau gethon ni. Y cyngor oedd i siarad, i drafod yr hyn welson ni, i neud hynny'n agored, a'r unig ffordd i neud hynny'n effeithiol, rwy'n credu, yn bersonol ta beth, oedd drwy neud hynny gyda rhywun welodd yr un peth. Felly ry'n ni wedi trafod tipyn, ac yn dal i neud.

Yn yr un modd, buon ni'n siarad gyda'r ddau ŵr o Dwrci fuodd yn ein helpu ni mas 'na. Ry'n ni mewn cyswllt eitha rheolaidd gyda nhw ac yn gweld sut mae pethau'n datblygu erbyn hyn.

Mae help wedi dod gan gyd-weithwyr hefyd. Mae e'n *cliché*, ond mae e *yn* waith tîm. Hyd yn oed pan o'n ni mas 'na, ro'n ni'n dibynnu lot ar gyd-weithwyr 'nôl fan hyn. Doedd cysylltiadau ddim yn grêt, felly doedd hi ddim yn sicr beth o'n ni'n ei wybod o ran y stori fawr, felly pobl fan hyn yng Nghymru oedd yn bwydo'r newyddion 'nôl i ni. Nid yn unig o ran yr ochr broffesiynol o fwydo'r wybodaeth ddiweddara, ond hefyd ro'n nhw'n rhoi'r gefnogaeth roedd ei hangen a jyst neud yn glir bod help ar gael, os oedd angen – ac mi roedd angen.

Mae fy nheulu i'n holi ambell waith pam fasen i eisiau mynd i Dwrci ynghanol trychineb, neu pam fydden i'n dewis bod yn Wcráin tra mae rhyfel yna. Maen nhw'n gwestiynau dilys, a bod yn gwbl onest. Ond dyna ni, rwy'n gwerthfawrogi'r cyfle i fynd i ohebu ar y straeon mawr yma.

Does dim atgofion yn dod 'nôl ata i nawr, heblaw'r arogl yna.

Y mwg.

Dyna'r un peth sy'n dwyn yr atgofion. Mae gweld y wynebau yn atgoffa rhywun o'r straeon, ond yr arogl...

Unrhyw fwg, ac rwy'n ôl yn Nhwrci. A dyw e ddim yn lle neis i fod.

# MAI DAVIES

## Trychineb Glofa'r Gleision

*"Everybody is still desperately hoping he will be brought out alive."*

Good Evening Wales, BBC Cymru<br>Medi 16, 2011

Y peth cynta ddaeth i feddyliau pawb pan glywon ni'r newyddion oedd – beth? Damwain mewn pwll glo yng Nghymru heddi? Dyw hwnna ddim yn digwydd!

Doedd e ddim yn neud synnwyr. Rhywbeth oedd yn digwydd yn Ne America neu rywle arall dramor oedd damweiniau mewn pwll glo, nid yng Nghwm Tawe... Roedd e'n anarferol iawn.

Ro'n i'n un o brif gyflwynwyr *Good Evening Wales* ar BBC Radio Wales ar y pryd. Peter Johnson oedd yn cyflwyno o'r stiwdio y diwrnod 'ny. Roedd e'n gweithio'n llawrydd, felly ces i 'ngalw i mewn fel un o'r tîm parhaol i fynd lan yn syth i safle Glofa'r Gleision ger pentre Cilybebyll i neud darllediad allanol.

Doedd dim lot o amser i feddwl.

Fel arfer, os o'n i'n mynd i neud darllediad allanol fel cyflwynydd, bydden ni'n mynd i rywbeth oedd wedi'i gynllunio o flaen llaw, fel mynd i San Steffan i ohebu ar y gyllideb, neu bleidleisiau Brexit adeg etholiad. Yn anaml iawn y byddai'r tîm cynhyrchu yn anfon cyflwynydd mas, ond roedd hon yn stori fawr.

Ges i fy anfon lan i Ganolfan Gymuned Rhos mor sydyn â phosib. Fan'na o'n i'n mynd i fod i gyfweld â phobl a darlledu gyda'r *satellite trucks*. Roedd 'na rhyw deimlad o anghrediniaeth bod y fath beth yn digwydd, a bod yn onest. Doedd e ddim yn teimlo fel rhywbeth fyddai'n digwydd yn ne Cymru.

Dyma ni i gyd yn teithio i lawr i Gwm Tawe. Es i gydag ymchwilydd a fyddai'n edrych am bobl i fi eu cyfweld. Os y'ch chi'n gallu dychmygu, chi yn gyflwynydd, yn troi lan heb wybod beth sy'n digwydd. Chi ddim yn gwbod be chi'n mynd i'w ddweud pan ry'ch chi ar yr awyr, na phwy chi'n mynd i'w gael i gyfweld. Siwrne bod ti ar yr awyr, ti'n glwm i'r tryc darlledu, felly'r ymchwilydd fyddai'n edrych am bobl i neud cyfweliadau.

Gyrhaeddon ni bentre Cilybebyll ac roedd y *satellite truck* – y lorri ddarlledu allanol – wedi cyrraedd yn barod, yn ogystal â'r holl dechnegwyr. Mae'r pentre ei hunan yn fach ac yn gul a bu'n rhaid i ni barcio ar hyd y ffordd gul 'ma oedd yn torri reit drwy ganol y pentre. Gallwch chi ddychmygu'r olygfa: pentre bach tawel, ynghanol gwyrddni a choed hyfryd, rhesi o hen dai lle bu'r glowyr yn byw, a nawr mae pob modfedd o'r hewl wedi'i gorchuddio gan *sat trucks* teledu a radio! Roedd camerâu a newyddiadurwyr o bob rhwydwaith ym mhob man! Roedd e'n edrych fel tase *juggernaut* anferth metel wedi glanio yn y pentre a mynd reit drwy'r canol, fel trên hir. Roedd e'n edrych yn hollol estron. Ar ben 'ny, roedd pawb o'r pentre mas o'u tai.

PAWB.

Roedd pawb oedd yn nabod y glowyr yn edrych ar y syrcas ynghanol eu pentre nhw. Ac eto, un o'r pethau sy'n dal yn fy nharo i yw – allai'r bobl oedd yn byw yna fod wedi teimlo'n ddig iawn o weld y pla o bobl y cyfryngau y tu fas i'w cartrefi ar adeg mor ofnadwy. Ond yn syth, daeth rhywun lan a dweud wrthon ni pa deulu oedd yn gadael i newyddiadurwyr ddefnyddio'u toilet a neud paned o de iddyn nhw. Ro'n nhw mor garedig.

Ond roedd tensiwn yn yr awyr. Gallech chi dorri'r tensiwn â chyllell. Roedd yr awyr mor drwm.

Y rheswm pam oedd pawb mas o'u tai, yn sefyll mewn grwpiau bach, oedd oherwydd eu bod nhw'n aros am newyddion. Ro'n nhw'n dal ei gilydd, yn cydio yn ei gilydd. Roedd fel tase neb yn y pentre yn gallu anadlu mas. Roedd e'n anhygoel.

Pan gyrhaeddon ni'r safle, roedd un gohebydd arall o Radio Wales yna'n barod – Gilbert John. Roedd rhywfaint o wybodaeth gyda ni am y sefyllfa ar y pryd, ond yn fwy na dim, roedd rhaid i fi fynd ar yr awyr yn dyfalu a disgrifio beth o'n i'n ei wbod – oedd ddim yn lot bryd hynny. Roedd rhaid i fi gyfweld ag unrhyw berson roedd yr ymchwilydd yn gallu cael gafael arno, achos roedd pawb o bob rhwydwaith eisiau'r un bobl i neud cyfweliadau.

Gydol yr amser, roedd y newyddion yn dod damed ar y tro. Ro'n ni'n darganfod, un ar ôl y llall, bod y dynion wedi marw. Roedd tri dyn wedi dianc, felly roedd pedwar dal lawr dan ddaear. Charles Breslin. Garry Jenkins. Philip Hill. A David Powell.

Un ar ôl y llall, ro'n ni'n cael newyddion bod un wedi marw.

Un.

Wedyn dau.

Wedyn tri.

Wedyn, roedd pawb yn aros am newyddion am y dyn olaf.

Dwi'n cofio edrych o gwmpas y pentre ar wynebau pawb oedd yn aros. Ro'n i'n gweld y pryder ar eu hwynebau nhw. Fel gohebydd, mae rhaid sefyll 'nôl o'r stori, ond roedd hi bron yn amhosib y diwrnod 'ny.

O'n i'n neud cyfweliadau am y datblygiadau wrth iddyn nhw ddigwydd. Ond y rhan fwyaf o'r amser o'n i'n gorfod disgrifio beth o'n i'n gallu ei weld achos roedd cyn lleied o newyddion. Mae trio dod o hyd i eiriau mewn sefyllfa fel'na mor, mor galed, a'r ffordd 'nes i ddewis neud oedd trio dodi fy hun yn sgidie'r bobl oedd yn y pentre – yn sgidie'r teuluoedd, y gymuned, y criw achub, ac ystyried sut ro'n nhw'n meddwl. Beth ro'n nhw'n neud. O'n i'n ceisio dyfalu beth oedd yn digwydd iddyn nhw. Ond roedd hi bron yn amhosib dyfalu mewn sefyllfa mor erchyll. Ond dyna beth oedd rhaid i ni'i neud. Mae'n rhaid siarad. Chi ar yr awyr. Rhaid cadw cwmni i'r gynulleidfa adre sy'n gwrando, achos maen nhw hefyd yn gobeithio, fel o'n i'n gobeithio, y bydde'r criwiau achub yn dod mas â rhywun yn fyw.

O'r holl bobl holes i'r diwrnod 'ny yr un na'th fy nharo i fwya oedd yr Archesgob Barry Morgan. Roedd ei dad e wedi gweithio dan ddaear, felly roedd e'n gwbod yn gwmws sut oedd y bobl 'ma'n teimlo. Roedd e'n nabod y gymuned ac roedd e ar ei ffordd i siarad â'r teuluoedd pan na'th e siarad â fi.

Dwi'n cofio gofyn beth alle fe ddweud wrthyn nhw. Beth alle fe, fel Archesgob, ddweud wrth y teuluoedd, a dwedodd e, "Sdim byd alla i ddweud." Mae geiriau yn annigonol. "Y cyfan alla i ddweud," dwedodd, "yw dangos fy mod i, a'r eglwys tu ôl i fi, yn sefyll ochr yn ochr gyda'r teuluoedd."

Pan wedodd e "dim" roedd e'n hollol iawn. Beth allwch chi ddweud wrth berson sydd wedi colli rhywun mewn amgylchiadau mor erchyll?

Dwi'n cofio hefyd neud cyfweliad gyda'r cynghorydd Alun Llewelyn. Roedd e'n cynrychioli ward Cwmllynfell ac Ystalyfera ac yn nabod y teuluoedd. Roedd e wedi bod gyda nhw drwy'r prynhawn wrth i'r newyddion eu cyrraedd, a dwedodd e hefyd fod yr holl gymuned yn meddwl am y teuluoedd ac yn dal i obeithio y gallai fod newyddion da cyn diwedd y dydd.

Dwi'n nabod Alun a'i wraig, a na'th y cyfweliad yna fy nharo i mewn ffordd mwy personol. Roedd e'n disgrifio yn fyw ar yr awyr sut oedd y teuluoedd yn delio â'r newyddion. Ro'n nhw'n cael cadarnhad bod rhywun wedi marw, ond heb gael gwbod pwy. Ro'n nhw'n gobeithio yn erbyn gobaith nad eu perthynas nhw oedd wedi colli ei fywyd, ac eto, yn dymuno'r gorau i'r teuluoedd eraill yr un pryd. Roedd e'n disgrifio sefyllfa wirioneddol anodd.

O'n i'n ffeindio hi'n fwy anodd sefyll 'nôl o'r stori oherwydd 'ny.

> *"It's difficult to describe how dignified they were while they were waiting for news. They're well-known families in this area. They also know each other well of course. They've been supporting each other through the long hours. Unfortunately, as bad news was coming in, they were still supporting each other and thinking about each other. It was a remarkable, heartfelt experience to be with them today."*
>
> Alun Llewelyn ar *Good Evening Wales*,
> BBC Radio Wales.

Ar ôl bod yna am oriau drwy'r prynhawn, un o'r pethau gwaetha i fi fel darlledwr oedd darganfod bod y glowyr i gyd wedi marw. Roedd y dyn ola wedi marw ond do'n i'n methu dweud hynny ar yr awyr. Do'n i ddim wedi cael cadarnhad, ac roedd y timau achub yn dal i drafod gyda'r teuluoedd. Felly roedd rhaid iddyn nhw siarad â'r teuluoedd yn gynta, cyn i ni allu cyhoeddi ar yr awyr.

Ond o'n i'n gwbod, ac o'n i'n dal ar yr awyr, ac yn gorfod cadw i siarad fel tase gobaith bod y glöwr olaf efallai yn fyw. Roedd rhaid i fi lenwi'r amser gyda disgrifio'r olygfa, cyfweliadau, ac wrth gwrs, rhagor o ddyfalu. Gydol yr amser, o'n i'n edrych mas ar yr holl bobl oedd yn sefyll o gwmpas ac yn meddwl falle bod rhai o'r rhein yn perthyn iddo fe, falle'u bod nhw'n ffrindiau iddo fe heb wbod ei fod e wedi marw.

*Dwi'n gwbod.*

*Dy'n nhw ddim yn gwbod.*

Dyna lle o'n i, yn edrych mas dros y pentre, dros y *satellite trucks* a'r gohebwyr eraill i gyd. Ro'n nhw'n gwbod yr un peth â fi, yn dweud yr un peth, ond yn gwbod y gwir.

Mae'n swnio'n od, ond o'n i'n teimlo fel tasen i'n cymryd gobaith i ffwrdd. Do'n i ddim, wrth gwrs, ond dyna sut roedd e'n teimlo. Yna, daeth y teuluoedd i wbod ond doedd y cyhoedd oedd yn gwrando arna i ar y rhaglen ddim yn gwbod. Ro'n nhw'n dal i obeithio y byddai rhywun yn cerdded mas yn fyw, felly roedd rhaid i fi ddewis fy ngeiriau yn ofalus iawn i beidio dweud celwydd. Do'n i ddim yn dweud *bod gobaith*, ond bod pawb yn dal i *aros mewn gobaith*. Roedd hi'n sefyllfa ryfedd ac anghyfforddus dros ben.

Yn y diwedd, cafodd y cyhoedd glywed y newyddion mewn cynhadledd i'r wasg am chwech o'r gloch, gyda Phrif Gwnstabl Heddlu'r De, Peter Vaughan yn cadarnhau, ac yna Peter Johnson yn ategu bod pedwerydd dyn wedi marw. Do'n ni ddim yn gwbod pwy ar y pryd, ond fe newidiodd yr awyrgylch yn syth.

Roedd e fel morthwyl yn dod lawr yn y llys. Fel dedfryd. Dyna'r unig ffordd alla i ei ddisgrifio fe. Roedd y gobaith wedi diflannu ar ôl i ni gydio ynddo drwy'r prynhawn.

Roedd y golau bach wedi mynd.

Roedd e wedi cael ei ddiffodd.

Roedd e fel tase anadl y pentre i gyd wedi cael ei fwrw mas o bob un ar yr un pryd.

Dwi'n cofio siarad â Peter Hain, oedd yn Aelod Seneddol dros Gastell-nedd ar y pryd, a fe'n gweud bod e fel trawiad yng nghalon y cymunedau glofaol i gyd. Ac fe roedd e.

Roedd e mor drwm. Mor derfynol. Y gobaith wedi mynd.

Dwi wedi darlledu dros y byd. Dwi wedi cyfweld â phobl o Syria, wedi ffilmio mewn gwledydd lle mae tlodi yn anghredadwy. Ond roedd hyn yn drasiedi ar y stepen drws. Roedd y cyfan yn teimlo fel tase fe'n dod o'r cyfnod

Fictoraidd. Doedd e ddim yn teimlo fel rhywbeth sy'n digwydd yn y ganrif 'ma.

Hefyd, roedd sefyll yn y pentre gyda gohebwyr o dros Brydain i gyd, pob person oedd wedi dod i helpu a chefnogi, a phawb oedd yn byw yn y pentre, roedd e'n teimlo fel tasen ni fel newyddiadurwyr yn rhan o'r stori. Roedd siâp y pentre'n golygu ein bod ni lawr yn y pant, ynghanol pawb arall. Sai'n credu bod un gohebydd wedi gadael heb deimlo'r golled mewn rhyw ffordd. Dwi'n dod o dde Cymru, o Lanelli, a phan o'n i yn yr ysgol, roedd pwll Cynheidre dal yn gweithio. Roedd e'n teimlo'n agos, ac roedd y bobl yn y pentre 'na'n siarad Cymraeg.

Dwi'n credu taw dyna un o'r rhesymau o'n i moyn siarad am y stori hon. A hefyd, dwi'n cofio shwt oedd y diwrnod yn teimlo. Dwi bron yn gallu teimlo'r oerfel nawr, a'r tensiwn yn yr awyr. Roedd y diwrnod wedi dechre'n heulog, ond yn sydyn iawn, aeth yr awyr yn llwyd a'r cymyle'n isel. Wedyn dechreuodd hi fwrw glaw. Roedd hi'n oer.

O'n i'n wlyb. O'n i'n sefyll tu fas mewn cot law yn shwps diferu.

O'ch chi'n gallu dychmygu pa mor ofnadwy oedd hi i'r glowyr yn styc yn rhywle oedd yn oer ac yn wlyb, ac wedyn dechreuodd hi wironeddol fwrw. Yn drwm.

Mae'n swnio'n felodramatig, ond roedd e'n teimlo fel

tase Duw ei hun yn llefen. Fel tase natur yn cydymdeimlo â'r sefyllfa.

Dyna be dwi'n cofio fwya...

★ *Er cof am Charles Breslin, 62, David Powell, 50, Philip Hill, 44, a Garry Jenkins, 39, a fu farw yn sgil trychineb Glofa'r Gleision, ac mewn cydymdeimlad dwys â'u teuluoedd.*

# ALED SCOURFIELD

Llofruddiaeth ar fis mêl

*"Fe drodd paradwys yn uffern ar y ddaear."*

Newyddion *S4C*, BBC Cymru

Gorffennaf 2011

Roedd y stori am lofruddiaethau Ben a Catherine Mullany yn stori fyd-eang. Cafodd sylw yn llythrennol ar bob cyfandir oherwydd ei bod hi'n stori mor drist. Bron bod y stori fel chwedl gyfoes. Roedd y pâr ifanc, hardd yma newydd briodi yng Nghymru mewn seremoni hyfryd ac wedi cael eu llofruddio ar noson ola eu mis mêl mewn ffordd gwbl erchyll.

Wrth gwrs, dyw Cwm Tawe ddim yn rhan o 'mhatshyn i fel gohebydd yng ngorllewin Cymru, ond o'n i'n ymwybodol iawn o'r stori yn 2008 pan ddigwyddodd hi oherwydd y sylw rhyngwladol. 'Nes i ddim gohebu ar y stori yn uniongyrchol ar y pryd.

Ond fe ddaeth y cyfle i ohebu yn y Caribî rai blynyddoedd wedyn yn hollol annisgwyl. O'n i newydd dreulio naw wythnos yn gohebu ar lofruddiaethau John Cooper, a daeth galwad ffôn o'r stafell newyddion. Wyt ti ar gael i fynd i Antigua? O'n i wastad wedi isie gohebu dramor a meddylies i, ie, dwi am fynd.

Dyma'r hyn ro'n i'n ei wybod am yr achos. Roedd Ben a Catherine Mullany yn bâr priod ifanc, 31 oed, a'u bywydau i gyd o'u blaenau. Roedd Catherine yn feddyg teulu dan hyfforddiant a Ben yn ffisiotherapydd dan hyfforddiant. Roedd y ddau wedi priodi yn eglwys Cilybebyll yng Nghwm Tawe ym mis Gorffennaf 2008.

Aethon nhw ar eu mis mêl i ynys Antigua yn y Caribî. Mae'n lle bendigedig, hyfryd gyda thraethau euraidd a môr glas, cynnes, yn amgylchynu'r ynys. Ond mae 'na agwedd arall i Antigua hefyd, sef bod tlodi ofnadwy yna.

Ar noson ola'u mis mêl ar y 27ain o Orffennaf 2008 aeth dau ddyn lleol mewn i westy Cocos lle roedd Ben a Catherine yn aros a saethu'r ddau. Cafodd Catherine ei lladd yn syth. Cafodd Ben ei anafu'n ddifrifol a bu farw wythnos yn ddiweddarach.

Roedd y ffaith bod y ddau wedi'u llofruddio mewn modd mor greulon a didostur wedi denu sylw rhyngwladol, nid yn unig pan ddigwyddodd y llofruddiaethau ond rhyw dair blynedd yn ddiweddarach pan ddaeth y mater i'r llys. Roedd newyddiadurwyr yna o dros y byd... Roedd hi'n stori fawr yn y *Sun*, y *Mirror* a'r papurau mawr eraill ym Mhrydain. Roedd hynny wedi bod yn anodd iawn i deuluoedd y ddau oedd wedi'u llofruddio.

Fe gyrhaeddes i a gohebydd arall BBC Cymru, Roger Pinney, yn Antigua ar gyfer wythnos gyntaf achos llys y llofruddiaethau.

Fe glywon ni dystiolaeth gan sawl tyst – y dyn oedd wedi colli'r gwn gafodd ei ddefnyddio gan y llofruddwyr, y bobl oedd wedi ymateb i'r alwad yng ngwesty Cocos, y bobl oedd wedi ceisio helpu Ben a Catherine. Ac roedd hwnna'n anodd iawn i'w glywed.

Yr hyn dwi'n cofio'n fwy na dim am yr awyrgylch yn y llys oedd y tensiwn dychrynllyd. Roedd y ddau deulu'n eistedd yn agos at y ddau ddiffynnydd a dwi'n cofio'r ddau ddiffynnydd yn ymddwyn yn reit ddi-hid. Roedd Kaniel Martin yn dal iawn, ac yn rhyw orwedd 'nôl yn ei sedd gyda'i draed o'i flaen. Roedd Avie Howell dipyn yn llai, ond roedd rhywbeth oeraidd iawn am ei lygaid e.

I fi, roedd e'n brofiad dirdynnol i glywed tystiolaeth brawd Catherine Mullany, Richard Bowen. Yn y llys, dyma fe'n adrodd sut roedd e wedi cael ei alw i'r ynys gyda'i rieni, a chael yr orchwyl o adnabod corff ei chwaer. A rhaid i fi ddweud, y peth anodda am ohebu ar yr achos oedd gweld y teuluoedd yn diodde a gweld yr effaith arnyn nhw.

Roedd Catherine wedi bod yn ddisgybl yn Ysgol Gyfun Gymraeg Ystalyfera. Roedd hi'n siarad Cymraeg ac, wrth gwrs, roeddech chi'n teimlo rhyw gysylltiad oherwydd hynny. Roedd hi hefyd yn feddyg teulu dan hyfforddiant, sef yr union beth roedd fy ngwraig i'n neud ar y pryd, ac roedd fy ngwraig wedi bod ar gwrs gyda hi ac yn ei chofio. Dyna gysylltiad arall.

Ond roedd gweld yr effaith ar y teuluoedd yn ddychrynllyd, yn enwedig rhieni Catherine. Ro'n nhw'n edrych fel tasen nhw wedi'u chwalu, a dweud y gwir, ac yn gorfod gwrando ar fanylion yr achos yn ddyddiol, a Richard yn gorfod adrodd sut na'th e adnabod corff ei chwaer ac yn dweud am y cyfeillgarwch agos rhyngddo fe a'i frawd yng nghyfraith, Ben.

Roedd 'na deimlad affwysol o dristwch a cholled, a'r teimlad bod gan y ddau berson ifanc yma gymaint i'w gynnig i gymdeithas, ac wedi methu gwireddu eu potensial oherwydd trosedd mor, mor erchyll.

Wrth gwrs, fe gafwyd y ddau grwt, Kaniel Martin ac Avie Howell, yn euog o'r llofruddiaethau. Roedd y ddau'n dod o faestrefi tlawd yn Antigua, sef Gray's Farm a Golden Grove. Bues i'n gyrru trwy'r ardaloedd hynny gyda Roger Pinney, a thrwy wneud hynny wedi cael ymdeimlad dwfn o'r bwlch oedd yno o ran cyfoeth. Roedd gan y bobl gyfoethog gychod mawr yn yr harbwr gwerth miliynau o bunnau ond bum munud i lawr yr hewl roedd trefi sianti tlodaidd. Dyna'r bwlch ry'n ni'n sôn amdano yn Antigua.

Roedd y ddau yma wedi mynd i stafell wely Ben a Catherine gyda'r bwriad o ddwyn. Er mwyn elwa. Dwi ddim yn meddwl gaethon nhw fwy na chydig gannoedd o ddoleri a ffôn symudol. Dim byd o unrhyw werth. Ond wrth gwrs, ro'n nhw wedi dienyddio'r ddau i bob bwrpas, er mwyn dwyn eu heiddo.

Pan ddaeth diweddglo'r achos llys, mae'n naturiol bod diddordeb mawr yn ymateb y teulu. Ond roedd hi'n hollol amlwg nad oedd rhieni Catherine eisiau cael unrhyw beth i'w wneud â'r wasg.

Fe ges i sgwrs â thad Ben, Cynlais, ar y grisiau tu fas i'r llys un diwrnod, ac fe ddywedodd e wrtha i'r geiriau sydd wedi aros gyda fi ers hynny: "Some people say this place is paradise. But for us it's hell on earth."

Fe wnaeth y ddau deulu gyhoeddi datganiad yn y pen draw, ond doedden nhw ddim yn dymuno siarad â'r wasg ac roedd rhaid parchu hynny. Er hynny, doedd pob newyddiadurwr ddim yn teimlo'r un fath.

Yn sicr, ges i agoriad llygad. Dwi'n cofio un noson, ar ôl gorffen gohebu am y dydd, aethon ni lawr i gael diod mewn bar ar y traeth, ac fe gwrddon ni ag un o'r gohebwyr eraill. Roedd hi'n gweithio i asiantaeth newyddion oedd yn darparu straeon i'r papurau tabloid yn Llundain. Dros ddiod, fe esboniodd ei bod hi a dyn camera'r asiantaeth wedi archebu'r union stafell yn y gwesty, ddiwrnod yn unig ar ôl i Ben a Catherine gael eu llofruddio. Roedden nhw wedi esgus eu bod nhw'n gwpwl ac wedi treulio'r amser yna yn ceisio darganfod tystiolaeth yn ymwneud â'r llofruddiaethau. Roedden nhw wedi bod trwy'r biniau, wedi darganfod e-byst roedd heddlu Antigua wedi'u hanfon – manylion, yn amlwg, oedd ddim i fod i'w cyhoeddi ar y pryd. Wrth gwrs, ar ôl iddyn nhw gael gafael arnyn nhw, roedd y manylion wedi eu cyhoeddi yn y papur newydd.

Falle 'mod i braidd yn naïf bryd hynny, ond 'nes i feddwl bod hynny'n gwbl anfoesol. Ges i sioc i glywed eu bod nhw'n gweithredu yn y fath fodd. Ond, ers hynny, ry'n ni wedi clywed tystiolaeth am hacio ffonau symudol ac yn y blaen, felly falle nad yw e'n gymaint â hynny o syndod, ydy e?

Roedd y system gyfreithiol yn Antigua yn eitha tebyg i'n system gyfreithiol ni. Ond roedd e'n brofiad diddorol iawn fel person gwyn yn y Caribî ac yn ddifyr clywed agweddau'r bargyfreithwyr oedd yn cynrychioli Kaniel Martin. Roedd e'n awgrymu bod Heddlu'r Met wedi rhoi pwysau ar rai o'r tystion.

Y peth yw, yn union wedi'r llofruddiaethau, roedd heddlu a Llywodraeth Antigua wedi gofyn am gymorth i gynnal ymchwiliad. Roedd tîm o Heddlu De Cymru a Heddlu'r Met wedi mynd draw i helpu gyda'r ymchwiliad. Roedd 'na gymorth o ran y dystiolaeth fforensig ac yn y blaen, a dwi'n meddwl bod y cymorth hwnnw wedi bod yn hollol hanfodol i ganfod y ddau ddyn yn euog. Oni bai am gymorth y timoedd yna, efallai na fyddai'r dystiolaeth wedi dod i'r fei.

Ond yn yr achos llys, roedd hi'n dipyn o sioc i glywed

bargyfreithiwr yr erlyniad yn gwneud honiadau am Heddlu'r Met yn rhoi pwysau ar y tystion. Efallai mai dyna oedd ei strategaeth i geisio tanseilio'r stori.

Yn sicr, roedd 'na ddrwgdeimlad tuag aton ni fel gohebwyr gwyn. O'n i'n ymwybodol iawn o'r niwed roedd y stori'n ei wneud i economi Antigua. Roedd nifer yr archebion o ran ystafelloedd mewn gwestai wedi lleihau yn y flwyddyn wedi'r llofruddiaethau. Roedd 'na deimlad cryf bod Antigua'n dioddef o fod yn y penawdau am y rhesymau anghywir.

Roedd y sefyllfa wedi cynyddu'r tensiwn diplomyddol rhwng Antigua a Phrydain, felly roedden ni'n awyddus i gael cyfweliad â Phrif Weinidog y wlad, Baldwin Spencer. Ein *fixer* ni drefnodd hynny, Jane George John. Roedd hi'n hollol amhrisiadwy. Roedd hi'n nabod pawb ar yr ynys. Ynys fach yw hi, gyda phoblogaeth o ryw 80,000–100,000 yn unig. Fe ofynnon ni iddi ar ddechrau'r wythnos oedd 'na siawns cael cyfweliad gyda'r Prif Weinidog. Dwedodd hi, "'Na i weld beth alla i neud," a daeth yr ateb o fewn dyddiau ei fod e'n hapus i'n gweld ni.

Y rheswm pennaf am hynny oedd ei fod eisiau rhoi'r neges i bawb bod Antigua yn lle diogel a bod croeso i ymwelwyr o Ewrop. Yn sicr, roedd e'n bryderus iawn am effaith bosib yr achos llys ar dwristiaeth. Mae twristiaeth yn cyfrannu 50% o GDP Antigua, felly mae'n rhan bwysig o economi ynys fach fel Antigua a Barbwda.

Roedd y tensiwn rhwng Antigua a Phrydain yn cynyddu wrth iddi ddod i'r amlwg bod Antigua'n dymuno crogi'r ddau gafwyd yn euog. Mae Llywodraeth Prydain yn erbyn y gosb eithaf ac roedd 'na bwysau gan Brydain i sicrhau mai carchar am oes fyddai dedfryd y ddau. Yn amlwg, mae Antigua yn rhan o'r Gymanwlad, felly roedd y berthynas yn anodd iawn.

Roedd pwysau hefyd i wella plismona yn Antigua yn sgil y llofruddiaethau. Dwi'n meddwl na'th pump o ymwelwyr gael eu lladd rhwng 2008 a 2011, felly fe roddwyd mwy o bwerau i heddlu Antigua i archwilio pobl a cheisio delio â thor cyfraith.

Llwyddodd y ddau i osgoi'r gosb eithaf, gan wynebu tri dedfryd o garchar am oes yn lle hynny – un yr un am lofruddiaeth Ben a Catherine, ac un am lofruddio menyw leol, Woneta Anderson, oedd yn cadw siop. Tair blynedd yn ddiweddarach, llwyddodd Howell i ddianc o'r carchar, ond cafodd ei saethu'n farw gan yr heddlu. Drwy gymorth cynllun adfer, llwyddodd Kaniel Martin i raddio o Brifysgol y West Indies ar frig ei flwyddyn gyda gradd mewn Entrepreneuriaeth.

Dwi'n edrych 'nôl ar fy nghyfnod byr yn Antigua fel un oedd yn her bersonol i fi fel newyddiadurwr. Do'n i erioed wedi neud unrhyw beth tebyg o'r blaen. Yn dechnegol, roedd rhaid i ni ffilmio a golygu popeth ein hunain a sortio'r darlledu byw a chwbl. Doedden ni ddim yn gallu galw am help o Gaerdydd os oedd unrhyw beth yn mynd o'i le. Ro'n ni ar ein pen ein hunain.

Roedd e'n brofiad diddorol iawn o ran gweithio mewn gwlad arall, a delio â diwylliant arall a phrosesau cyfreithiol eraill. Ond roedd hi'n wers hefyd o ran delio â theulu mewn galar.

Fel arfer, dwi'n hoffi datgelu pethau mae pobl yn ceisio eu cuddio, ac yn adrodd straeon pobl sydd angen cymorth i ddweud eu stori. Pobl sy'n teimlo'n rhy wan i ddweud y stori ar eu pennau eu hunain, a rhoi llwyfan iddyn nhw i rannu anghyfiawnder. Dwi'n teimlo'n gryf iawn mai dyna yw prif gyfrifoldebau darlledu cyhoeddus – rhoi llwyfan i bobl sydd angen cymorth.

Do'n i ddim moyn ychwanegu at loes y ddau deulu oedd wedi dioddef gormod yn barod, ond o'n i moyn dangos iddyn nhw hefyd bod yr hyn ddigwyddodd i Ben a Catherine yn golygu rhywbeth i bobl Cymru. Doedden nhw ddim wedi mynd yn angof. Ein gwaith ni oedd dweud y stori wrth bobl Cymru.

Yng Nghwm Tawe fe gafodd hyn effaith ddychrynllyd.

Meddyliwch am y drasiedi, y ddau'n priodi mewn eglwys ac yn cael eu claddu yno fis yn ddiweddarach. Mae'n anodd meddwl am drasiedi waeth na'r hyn ddigwyddodd i Ben a Catherine Mullany.

# ANDY BELL

## Holi Prif Weinidog

*"I say, she's a bit on the nose."*

Bob Hawke, 1988
WIN TV

Roedd Bob Hawke yn wleidydd poblogaidd tu hwnt yn Awstralia. Pan gyrhaeddes i'r wlad yn 1988, roedd y Prif Weinidog yn ei anterth.

O'n i wedi cyrraedd Awstralia ers dim ond ychydig fisoedd, a newydd ddechrau fy swydd gyntaf gyda gorsaf deledu leol WIN TV yn Wollongong. Dinas ddiwydiannol tua awr i'r de o Sydney yw Wollongong, ac o fewn wythnosau o ddechrau'r swydd, daeth y newyddion bod y Prif Weinidog mwyaf poblogaidd yn hanes Awstralia ar ei ffordd draw am ymweliad arbennig.

O'n i'n gwybod y byddai'r orsaf eisiau rhoi sylw mawr i'r achlysur. Mae Wollongong yn ddinas ranbarthol sylweddol ac roedd yr ardal roedd yr orsaf yn ei chyrraedd yn ymestyn am 250 milltir ar hyd arfordir deheuol talaith New South Wales hyd at y ffin daleithiol. At ei gilydd, roedd cynulleidfa bosib WIN ar y pryd tua phedwar can mil o bobl. Roedd y cyrhaeddiad yn enfawr. Mae'n ardal debyg i ardal Port Talbot a Chastell-nedd. Roedd 'na waith dur enfawr. Yn wir, fe gafodd De Cymru Newydd ei enw oherwydd tebygrwydd tirwedd ardal Wollongong ac Illawarra â De Cymru. I bobl yr ardal honno, roedd Bob Hawke yn arwr.

Beth oedd yn syfrdanol i fi oedd, o holl newyddiadurwyr WIN TV ar y pryd, fe ges i wahoddiad i fod yn rhan o'r tîm fyddai'n gohebu ar ymweliad Bob Hawke i'r ddinas. Nid dim ond stori fawr y diwrnod oedd hi, ond stori fawr y flwyddyn, fwy neu lai, yn Wollongong. Ro'n i wedi cael y dasg o gael Bob Hawke ar gamera am sgwrs un i un rhyngon ni. Cyfrifoldeb mawr.

Roedd Bob Hawke wedi dechrau'i yrfa wleidyddol fel tipyn o ymgyrchwr ac wedi gweithio gyda'r undebau llafur am ddegawdau. Pan gyrhaeddodd e'r senedd roedd ei fryd ar The Lodge, cartre'r Prif Weinidog yn Awstralia. Enillodd yr etholiad cyffredinol yn 1983, ac erbyn i mi gwrdd â fe, roedd wedi ennill tri etholiad o'r bron.

Felly, dyma fi wyth wythnos ar ôl i mi gychwyn, a fy mòs – bachan annwyl iawn o'r enw Terry Moore – yn dweud wrtha i mai fi oedd i fod yn ohebydd y pnawn. Byddai pwysau arnon ni i gyd i gael y stori yn barod erbyn 6 o'r gloch.

Y peth yw, roedd rhywbeth o'n i'n ei gadw'n

gyfrinach oddi wrth fy nghyd-weithwyr. Cyfrinach o'n i'n ofni allai ddifetha fy ngyrfa. Yn rhyfedd efallai, roedd tri o weithwyr gorau'r stafell newyddion yn WIN ar y pryd yn hoyw, ond yn guddiedig. Roedd Wollongong yn ardal *macho* – fel De Cymru yr adeg honno. Doedd hi ddim yn ardal amlwg groesawgar i ddynion hoyw fel fi. Ond o'n i'n lwcus, o'n i'n deall chwaraeon ac o'n i'n dangos fy ngwybodaeth o chwaraeon. Na'th hynna fy helpu i, nid i guddio'r gwirionedd, ond i gadw pethau yn *barchus*.

O'n i wedi dod draw o Gymru i fod gyda rhywun o'n i wedi cwympo amdano. O'n i'n byw yn Sydney ac roedd sgyrsiau bore dydd Llun am yr hyn wnaeth pawb dros y Sul yn gallu bod yn heriol. O'ch chi'n gorfod bod yn ofalus beth i'w ddweud, am y bobl o'ch chi wedi bod gyda nhw a beth o'ch chi wedi bod yn neud.

Mae deugain mlynedd wedi mynd ers hynny. Erbyn hyn mae 'na garfan enfysaidd gan yr ABC a dwi wedi siarad ar deledu'r ABC am y gymuned hoyw heb feddwl ddwywaith. Ond bryd hynny, roedd rhaid i chi guddio, a hefyd, roedd rhaid i chi brofi eich hunan.

Os nad o'ch chi'n llwyddo, o'ch chi'n poeni bydde pobl yn dweud pethe. Felly roedd 'na bwysau, pwysau, pwysau... Pwysau i ddod â chyfweliad Bob Hawke, pwysau i ddod 'nôl mewn da bryd, pwysau i beidio â bod y dyn doedd pobl ddim yn gallu ymddiried ynddo fe achos bod gydag e ryw wendid neu'i gilydd. Mae'n swnio'n hen ffasiwn erbyn hyn, ond mae'n wirionedd.

O'n i'n gwybod y diwrnod hwnnw os fasen i'n mynd 'nôl i'r stafell newyddion yn waglaw, bydden i wedi methu. Ond roedd Tony wedi rhoi ei ffydd yndda i, a'r stafell newyddion wedi fy nhrystio i ddod â'r stori...

A dyna beth 'nes i yn y pen draw...

Dim ond dwy funud gethon ni gyda Bob Hawke. Rwy'n cofio siarad â'i swyddog i'r wasg a gofyn – nage, pledio – plis, plis, plis, gewn ni amser gyda'r dyn ei hun. A dwedodd e, "Cer draw fan'na i aros amdanon ni, ac fe ddo i â fe draw."

Pan ddaeth Bob Hawke, roedd e'n ddyn cyffredin iawn. Os gofia i'n iawn, fe gethon ni'r anfarwol *two shots*, hynny yw, fi a Bob Hawke, a'r camera yr un pryd – a'r meicroffon WIN TV yn y siot hefyd. Ac mewn ffordd, dwi ddim yn credu ei fod e'n gyfweliad go iawn a dweud y gwir yn onest, ond gweithred o siarad un i un, fel petai. Tasen i'n neud y stori yma heddiw, fasen i'n swnio'n wahanol, basen i'n sgwennu'r peth yn well hefyd! Ond wrth wrando'n ôl ar y sgript, mae'n weddol!

Rwy'n gwybod bod gohebwyr gwleidyddol fel arfer yn cymryd y cyfle i herio Prif Weinidog. Ond nid dyna 'nes i'r diwrnod hwnnw. O'n i'n gwybod fawr ddim. Bryd hynny, doedd y we ddim ar gael, felly doedd dim Google i mi ddysgu am Awstralia. O'n i wedi neud cwrs carlam ar wleidyddiaeth Awstralia, darllen y papurau newydd, gwrando ar y radio ac ati. Ond y cyfan o'n i'n gallu gofyn, fwy neu lai, oedd: shwt deimlad oedd e i fod yn Wollongong heddiw a beth y'ch chi'n meddwl o'r lle? Ac yn hynny o beth, dyna shwt gethon ni'r clip bach am y gwynt cas oedd yn codi oddi ar lyn Illawarra, llyn yng nghyffiniau'r gwaith dur oedd yn dipyn o bwnc llosg ar y pryd. Roedd Hawke yn ddigon o hen law i roi ateb da i mi. Dyna beth oedd ei grefft, roedd e'n rhoi ateb, falle nid i'r cwestiwn, ond ateb oedd yn ddefnyddiol iawn i'r gohebydd.

"It's obviously an enormous tragedy," medde fe wrtha i. "It's something that looks and is intrinsically terribly attractive, but as I say, she's a bit on the nose!"

Roedd newyddiadura bryd hynny'n wahanol iawn i'r hyn yw e erbyn hyn, ac yn wahanol i newyddiadura ym Mhrydain hefyd. Roedd e'n anoddach. Ac mae'n werth cofio nad oedd ymweliadau gwleidyddol yn troi o gwmpas anghenion y cyfryngau fel maen nhw'n tueddu i fod nawr. Roedd Bob Hawke yn dod i gwrdd â'i bobl – y miloedd o gymunedau o fewnfudwyr oedd yn gweithio yn y diwydiannau trwm yn yr Illawarra. Roedd e'n wleidydd oedd yn gallu siarad â'r dyn cyffredin a chymysgu â phobl y byd busnes. Roedd e'n gymeriad, yn hynod boblogaidd ymhlith y gymuned o bobl oedd wedi mewnfudo i Awstralia. Roedd e'n arwr i gymaint o bobl. Doedd e ddim yn poeni gormod am y gohebwyr lleol. Roedd e'n ddigon poblogaidd i beidio gorfod ystyried anghenion newyddiadurwyr fel ni, felly roedd angen i fi geisio ffitio mewn â'i amserlen e...

Roedd yr wythdegau yn Awstralia yn gyfnod perffaith iddo i fod yn ben ar lywodraeth oedd yn eitha talentog. Llywodraeth Lafur oedd hi, un na'th wyrdroi cwrs economaidd a gwleidyddol a chymdeithasol Awstralia a dodi'r wlad ar y map byd-eang, heb os nac oni bai. Yn wir, Hawke a Keating oedd yn cael eu gweld fel y bartneriaeth gryfaf un yn y byd gwleidyddol gorllewinol. Dim ond un gwleidydd arall dwi wedi ei weld â'r un math o gysylltiad rhyngddo fe â'r pleidleiswyr, ond mewn ffordd gwbl wahanol, sef Gwynfor Evans.

Dim ond wrth edrych 'nôl rwy wedi sylweddoli mor arwyddocaol oedd y diwrnod yna i fi yn fy ngyrfa. Dim ond newydd gyrraedd y wlad o'n i. Newydd gychwyn fy ngwaith. Weithiau, pan y'ch chi'n ofni methu fel gohebydd, mae'r ofn 'na'n neud i chi weithio'n galetach, yn fwy cyfrwys, yn fwy trylwyr, o bosib.

O'n i nid yn unig dan bwysau fy mòs; o'n i dan bwysau personol. O'n i'n gwybod os o'n i o ddifri fel rhywun oedd am ennill bywoliaeth yn gohebu yn y wlad hon y byddai'n rhaid i fi neud jobyn da ohono fe. Diolch byth, dyna beth 'nes i.

Dyma'r cyfnod yn fy ngyrfa pan osodais i seiliau cadarn – yn Sain Abertawe cyn i fi adael Cymru, ac yna gyda

WIN TV yn Wollongong. Dyna'r llefydd 'nes i ddysgu sut i fod yn ohebydd. Dau le tebyg i'w gilydd, ond un gyda tywydd gwell! Yn y ddau le, o'ch chi mor agos at y gynulleidfa. Doedd dim modd dianc rhagddyn nhw. Heb Wollongong a Sain Abertawe, fydden i ddim wedi mynd mlaen i gynhyrchu bwletinau newyddion yn Melbourne, yn Sydney, yn Canberra. Fydden i ddim wedi mynd mlaen i fod yn bennaeth rhaglenni materion cyfoes ac ati. Mae'n rhaid i chi gael seiliau cadarn. Mae'n rhaid i chi ddeall bod 'na stori bob amser, nid dim ond casgliad o ffeithiau. Mae'n rhaid bod yn driw i'r gynulleidfa. Pan y'ch chi'n gweithio mewn ardal o'r fath, mae'r gynulleidfa yn dweud wrthoch chi os nad y'ch chi'n neud jobyn da o waith neu beidio. Dwi'n cadw'r bobl yna mewn cof.

Ond fel dyn hoyw yn yr wythdegau, falle 'nes i ymgais i brofi fy hunan yn well oherwydd bod cyfrinach gyda fi a allai fod yn drychinebus o ran gyrfa. Dwi ddim yn meddwl bydde hynny'n digwydd nawr. Ond fel dyn 29 oed, roedd hi'n teimlo fel'ny. Pan rwy'n meddwl am rai o'r straeon eraill bues i'n gohebu arnyn nhw – streics, gemau pêl-droed ac ati – tasai pawb yn gwybod amdana i, basen nhw 100% yn cael sioc!

Ond do'n i ddim yn gallu siarad yn agored. Roedd rhaid i fi fod yn well na phawb er mwyn osgoi beirniadaeth rwydd, amlwg, gas.

Dyna'r gwirionedd i lu o bobl fel fi yn y cyfnod hwnnw.

# NIA THOMAS

## Clwy'r traed a'r genau

*"Dwi erioed wedi crio mor gymaint."*

Glyn Watkins, Haf 2001<br>BBC Radio Cymru

Dwi'n cofio'r diwrnod ac yn cofio'n iawn lle roeddwn i. Nos Sul oedd hi. Y 27ain o Chwefror. 2001. Ro'n i'n gweithio yn fy swyddfa fel gohebydd materion gwledig BBC Cymru ar y pryd. Ges i ddwy alwad ffôn – un gan gyd-newyddiadurwr i mi, ac un arall gan un o fy nghysylltiadau – yn dweud yr un peth: "Wyt ti wedi clywed bod 'na achos o glwy'r traed a'r genau mewn lladd-dy yn Gaerwen?"

Ro'n i'n gwybod yn syth mai dyma ddechrau stori fawr yng Nghymru. Roedd yr achos cyntaf wedi'i gadarnhau ym Mhrydain ryw wythnos cyn hynny, ymhlith moch mewn lladd-dy yn Essex. Byddai'r cadarnhad yn dod bod y clwy wedi cyrraedd Cymru ddeuddydd wedyn.

Yn amlwg, y peth cyntaf roedd rhaid i mi ei wneud oedd cysylltu â fy mhenaethiaid newyddion i sicrhau eu bod nhw'n ymwybodol bod 'na stori fawr ar y gweill. Roedd angen i mi hefyd baratoi ar gyfer y rhaglenni newyddion teledu a radio y diwrnod wedyn. Ond mi ro'n i hefyd yn ymwybodol y gallai'r stori effeithio arna i'n bersonol, gan fy mod i'n byw ar fferm. Mi roedd yr achos tybiedig yma mewn lladd-dy yn Gaerwen lle roedd fy nheulu yng nghyfraith yn ffermio, ac felly roedd gynnoch chi'r ddwy ochr, mewn ffordd. Roedd rhaid i mi gydbwyso'r ochr broffesiynol a'r ochr bersonol.

Roedd 'na sawl her o ran y gohebu, oherwydd roedd y straen o glwy'r traed a'r genau oedd wedi'i gadarnhau ym Mhrydain yn un arbennig o heintus. Roedd pobl yn dweud bod modd i chi ei drosglwyddo drwy deiar car. Felly, fel gohebwyr, mi roedden ni'n gorfod cario diheintydd ac roeddwn i'n cludo can mawr a chwistrellwr yng nghefn fy nghar. Alla i ogleuo'r ogle hyd yn oed heddiw. Roedd o'n ogle dychrynllyd, ac i mi, roedd o'n gysylltiedig â chlwy'r traed a'r genau.

Heblaw am yr ystyriaethau ymarferol, roedd rhaid bod mor ddiduedd â phosib, fel sydd raid efo unrhyw stori, wrth gwrs. Mae'n gonglfaen i newyddiaduraeth. Felly, roedd gynnoch chi'r stori fawr 'ma'n datblygu ac angen rhoi pob ochr oedd yn bosib. Roedd angen mawr am wybodaeth hefyd, a dweud y gwir, mae'n anodd credu, ond er mai dim ond sôn am 2001 ydan ni, doedd y cyfryngau cymdeithasol ddim yn berwi i'r un graddau ag y maen nhw heddiw. Rŵan rydach chi'n dod i wybod am ddigwyddiad wrth iddo fo ddigwydd – cyn iddo fo ddigwydd weithiau – ond doeddan ni ddim mewn sefyllfa felly bryd hynny.

Roedd pobl yn gyffredinol yn ddibynnol iawn ar bapurau newydd a rhaglenni radio a theledu am wybodaeth. Roedd 'na awch anhygoel am wybodaeth, fel sy'n digwydd adeg argyfwng. Digwyddodd yr un fath adeg y pandemig.

Wrth gwrs, o'r ochr bersonol roedd fy nheulu fy hun yn ffermio – ro'n i'n byw ar fferm a fy nheulu yng nghyfraith, fel ro'n i'n dweud – felly doeddwn i ddim eisiau bod yn gyfrifol am ledaenu'r haint. Yn wir, am fisoedd fues i ddim yn gweld fy nheulu yng nghyfraith yn Gaerwen o gwbl. Roedd 'na nerfusrwydd mawr yng nghefn gwlad, felly roedd rhaid i bawb ymddwyn yn gyfrifol.

Nid dim ond y diwydiant amaeth oedd yn teimlo effaith y clwy chwaith. Mi effeithiodd ar fusnesau oedd yn ddibynnol ar ffermwyr. Mi effeithiodd yn arw ar y diwydiant twristaidd – mi gaewyd y llwybrau cyhoeddus i gyd, ac i bob pwrpas rhoddwyd clo ar gefn gwlad Cymru a gweddill Prydain. Felly, cafwyd colledion nid yn unig i'r ffermwyr, ond i'r gymdeithas gyfan ym mhob rhan o wledydd Prydain, a dyna pam fod y stori mor arbennig.

Roedd hi'n Eferest o stori. Mae'r ystadegau yn eitha brawychus pan ydach chi'n edrych 'nôl arnyn nhw.

Cafodd rhyw chwe miliwn o anifeiliaid eu difa, roedd dros ddwy fil o achosion o'r clwy, ac mi gostiodd y cyfan dros wyth biliwn o bunnau. Mae'r rhain yn ffigyrau anhygoel.

Cafodd y Sioe Fawr yn Llanelwedd ei chanslo'r flwyddyn honno, felly hefyd Eisteddfod yr Urdd. Cafodd yr Etholiad Cyffredinol ei ohirio hefyd. Tony Blair oedd y Prif Weinidog ar y pryd ac roedd o'n teimlo bod 'na ormod o risg i gynnal etholiad ym mis Mai, felly cafodd ei ohirio tan fis Mehefin.

Mae'n anodd dychmygu rŵan, er bod Covid-19 wedi digwydd.

Ond drwy'r cyfan – 11 mis o argyfwng i gyd – roedd ffermwyr yn anhygoel o barod i siarad. Dwi'n meddwl beth sy'n anodd i bobl o'r tu allan i'r diwydiant amaeth ddeall ydy bod colli'r anifeiliaid yma fel profedigaeth i lawer iawn o'r ffermwyr. Dwi'n meddwl bod hynny'n beth anodd iawn i'w ddeall.

Mae ffermwyr yn gallu cymryd blynyddoedd i fagu ac i fridio'r anifeiliaid oedd ganddyn nhw, felly roeddan nhw'n wynebu colledion dirdynnol – llawer iawn ohonyn nhw.

Os ydach chi'n edrych 'nôl ar y cyfnod, yn enwedig ar y lluniau teledu, mi welwch chi bod sawl ffermwr wedi dod i'r giât ar dop y lôn i wneud y cyfweliadau er mwyn cadw'r wasg a'r cyfryngau oddi ar y fferm, oherwydd bod yr haint yno, a bod y gwaith difa'n digwydd.

Dwi'n cofio sawl un yn crio wrth rannu eu stori. A dwi'n meddwl, oherwydd bod 'na ddiffyg gwybodaeth, roedd pobl yn barod iawn i siarad efo fi. Roedd pobl eisiau gwybodaeth.

Roedd *Stondin Sulwyn* ar yr awyr amser cinio ar Radio Cymru ar y pryd ac roedd y rhaglen yn cael dwsinau o alwadau. Dwi ddim yn gor-ddweud. Roedd 'na ddwsinau o alwadau bob dydd – gan ffermwyr yn bennaf, a gan bobl yng nghefn gwlad oedd yn awchu am wybodaeth.

Yn amlwg, gan fy mod i'n ohebydd amaeth mi 'nes i holi llawer iawn o bobl ar y pryd. Un ffermwr sy'n sefyll allan i mi, gan mai dyma'r fferm gynta yng Nghymru i gael y clwy, ydy Alun Roberts o fferm Bodlew yn Llanddaniel Fab, dafliad carreg o'r lladd-dy yn Gaerwen lle cadarnhawyd yr achos cynta o'r clwy yng Nghymru.

Bu'n rhaid i Alun Roberts ddifa 300 o wartheg godro a 900 o ddefaid.

Roedd o'n ŵr tawel a bonheddig iawn. Doedd o ddim yn ddyn oedd yn tantro a dwi'n cofio sawl elfen o'r sgwrs efo fo. Mi wnaeth o ddweud: "Y munud y ffindish i allan bod 'na achos o'r clwy gin i, mi o'n i'n gwbod bod rhaid i mi ddifa oherwydd doeddwn i ddim isio bod yn gyfrifol am ledaenu'r clwy i ffermydd eraill."

Dwi'n cofio mynd i'w weld o flynyddoedd yn ddiweddarach ac roedd ganddo fo bentwr o gardiau cydymdeimlad. Roedd o'n union fel tasach chi a fi'n anfon cerdyn at unigolyn sydd wedi cael profedigaeth. Roedd pobl o bell ac agos, pobl oedd yn ddieithr iddo fo, wedi anfon cardiau, yn dangos maint y golled ac yn dangos eu cydymdeimlad. Roedd o wedi gwerthfawrogi hynny'n arw.

Dwi'n cofio ei holi o a dweud, "Wel, dach chi wedi cael iawndal. Rydach chi wedi cael eich digolledu'n ariannol am golli'r gwartheg a'r defaid 'ma."

Mi roedd hwn yn bwnc dadleuol iawn ar y pryd. Roedd 'na bobl yn teimlo bod ffermwyr yn cael gormod o arian, yn cael gormod o iawndal. A'r hyn ddywedodd o oedd: "Do, dwi wedi cael iawndal. Ond dwi wedi treulio ugain mlynedd, deng mlynedd ar hugain, yn magu a bridio'r anifeiliaid yma. Fedra i ddim mynd i'r mart fory nesa a chael yr un anifeiliaid 'nôl, felly oes, ma gin i arian yn y banc, ond dydy hynny ddim yn mynd i dalu am yr holl lafur cariad sy wedi mynd i adeiladu'r fuches odro 'ma sy gynna i."

Roedd hynny'n taro deuddeg efo nifer o deuluoedd a sefyllfa nifer o deuluoedd ar hyd a lled Cymru.

Un peth arall ddywedodd o flynyddoedd yn ddiweddarach. Roedd o'n dyfynnu ei dad ac eisiau rhoi'r profiad yn ei gyd-destun. "Cofiwch," medda fo, "clwy na'th daro y tu allan i'r tŷ oedd clwy'r traed a'r genau. Doedd o ddim yn y tŷ."

Mae hynny wedi aros efo fi hefyd. Efallai ei fod yn fwy perthnasol rŵan o gofio pandemig Covid-19. Wrth gwrs, roedd hwnnw'n haint sy'n effeithio ar y cartref yn hytrach na'r tu allan i'r cartref.

Yn amlwg, roedd y clwy'n effeithio ar y plant hefyd. Mi wn i am rai teuluoedd wnaeth ddim anfon eu plant i'r ysgol am wythnosau, ac yn wir, aethon nhw ddim allan o'r tŷ i bob pwrpas am gyfnodau maith. Roedd arnyn nhw ofn, nid yn unig eu bod nhw'n mynd i ledaenu'r clwy, ond eu bod nhw'n mynd i ddod â'r clwy 'nôl i iard y fferm.

Un stori sy'n aros yn y cof, ac mi effeithiodd hi arna i'n emosiynol ar y pryd, a dweud y gwir, oedd gohebu ar fferm yng nghanolbarth Cymru. Doedd y clwy ddim wedi cyrraedd yno, ond roedd 'na broblemau lles anifeiliaid difrifol oherwydd y gwaharddiad ar symud anifeiliaid. Doedd dim modd symud anifeiliaid i nunlle – roedd hynny'n rhan o'r strategaeth er mwyn atal y clwy rhag lledaenu. Felly roedd ffermwyr oedd angen symud eu hanifeiliaid at borthiant newydd yn methu gwneud hynny. Allan o'r chwe miliwn o anifeiliaid gafodd eu difa yn ystod y clwy, cafodd dwy filiwn eu difa am resymau lles.

Roedd y fferm benodol yma yn y canolbarth yn wynebu cur pen o benderfyniad: a oeddan nhw'n mynd i ddifa eu gwartheg neu eu defaid?

Ar ôl pwyso a mesur, mi benderfynwyd difa'r defaid. Roedd hynny'n cynnwys yr ŵyn llywaeth, hynny ydy, yr ŵyn oedd wedi eu magu ar botel. Mae unrhyw un sy'n gyfarwydd â'r diwydiant amaeth yn gwybod bod unrhyw un sy'n magu ŵyn llywaeth, neu oen swci, yn dod yn gyfarwydd iawn efo nhw. Rydach chi'n dod yn ffrindia efo nhw. Rydach chi'n eu magu nhw ar botel, dair, bedair gwaith y diwrnod.

Dwi'n cofio ista yng nghegin y fferm yma efo'r fam a'r tad ac roeddan nhw'n disgrifio eu colled a'u bod wedi dod 'nôl i'r tŷ un dydd i ddarganfod llun gan eu merch fach yn y gegin. Nia oedd ei henw hi hefyd, ac roedd hi wedi peintio llun o'r ŵyn bach 'ma a'r gair 'murderers' yn blastar ar draws y llun.

Mae'n dal i wneud i fi deimlo'n emosiynol heddiw 'ma, a dweud y gwir.

Roedd y ferch fach wedi teimlo'r golled i'r byw. Roedd ei mam hi'n crio wrth adrodd y stori ac mi alla i gofio'r llun yna fel petai o 'mlaen i heddiw. Rhywsut roedd o'n ddrych o'r sefyllfa a'r golled wironeddol roedd ffermwyr yn ei theimlo ar hyd a lled Cymru.

Ac roedd y sefyllfa wedi effeithio ar dad Nia hefyd, Glyn.

Y gwir ydy, doeddan ni fel cymdeithas ddim yn trafod iechyd meddwl ar y pryd fel rydan ni rŵan.

Oherwydd y sefyllfa anodd o ran symud o le i le, roedd y BBC wedi gofyn i nifer o ffermwyr recordio dyddiadur sain o ddatblygiadau yn eu ffermydd adeg y clwy. Roedd Glyn a Joan Watkins wedi cytuno i wneud hyn. Yn y rhaglen, mae Glyn yn torri lawr yn ei ddagrau.

"Dwi rioed wedi crio mor gymaint ag ydw i wedi'i

neud yn yr wythnos, deg diwrnod diwetha 'ma," meddai Glyn. "Erioed yn fy mywyd o'r blaen."

Siaradai o'r galon am ei golled a'r rhwystredigaeth, a'i fod bron â chyrraedd pen ei dennyn. Mae'n adlewyrchiad o'r profiadau a'r hyn oedd yn mynd drwy feddwl nifer o ffermwyr. Ond doedd 'na ddim llawer o ffermwyr fyddai wedi crio yn gyhoeddus ar y pryd. Efallai byddai pobl yn gweld hynny'n wendid. I mi, mae'n gryfder, oherwydd mae'n onest.

Doedd pobl ddim yn gwybod lle roedd y clwy yn mynd i fynd nesaf, pa fferm oedd yn mynd i gael ei tharo, oherwydd pan oedd 'na achos yn cael ei gadarnhau ar un fferm roedd y ffermydd cyfagos yn dod yn rhan o'r stori hefyd. Roedd y difa'n digwydd mewn cylchoedd o gwmpas y ffermydd yna.

Ochr dywyll y stori oedd cyhuddiadau bod 'na rai ffermwyr yn awyddus i gael y clwy gan bod iawndal a budd ariannol os oedd o'n dod i'r fferm. Ond roedd hi'n anodd iawn profi hynny. Mi roedd lot o dyndra a thensiwn ar y pryd.

Mi fu lot o brotestio hefyd, a dadlau ynglŷn â pholisïau'r Llywodraeth. Roedd brechu yn bwnc llosg ofnadwy. Roedd grwpiau oedd yn ymwneud â lles anifeiliaid yn teimlo'n danbaid bod angen brechu anifeiliaid yn hytrach na gweld difa ar raddfa mor eang. Ond roedd yr undebau amaeth yn erbyn brechu oherwydd roeddan nhw'n poeni am effaith hynny ar y diwydiant amaeth yn y tymor hir, wrth edrych i'r dyfodol. Roedd yr Undeb Ewropeaidd yn gwrthod unrhyw gig a da byw o Brydain fyddai wedi cael eu brechu.

Felly'n y pen draw, doedd dim brechu.

Roedd 'na gwestiynau am ba mor effeithiol oedd y brechlynnau ar y pryd, oherwydd bod yr haint a'r straen oedd wedi'i ganfod mor heintus. Roedd amheuaeth a fyddai'r brechlynnau oedd ar gael yn effeithiol.

Bu protestio hefyd ynglŷn â'r cwestiwn o gladdu neu losgi cyrff anifeiliaid. Roedd 'na un brotest benodol iawn yn Epynt – nid nepell o Bontsenni. Roedd teimladau cryf iawn yn yr ardal honno, a bu protestio hefyd ym Mhenhesgyn ar Ynys Môn – sy'n safle tirlenwi erbyn hyn.

Wrth gwrs, roedd o'n gur pen i'r awdurdodau, waeth i ni dderbyn hynny, wrth i'r clwy fynd ar garlam. Mi gyrhaeddodd ei anterth erbyn mis Ebrill gyda tua chan mil o anifeiliaid yn cael eu difa bob dydd. Roedd rhai'n cael eu llosgi, wrth gwrs, a dwi'n dal i gofio'r cymylau o fwg du mewn sawl ardal fel rhyw gynfas dros gefn gwlad.

Roedd anifeiliaid eraill yn cael eu difa ac roedd rhaid canfod rhywle i'w claddu. Roedd yr holl sefyllfa'n ddigynsail ac yn her fawr i bawb ei hwynebu ar y pryd.

Roedd hi'n sefyllfa erchyll, a dweud y gwir. Rydan ni newyddiadurwyr i fod yn ddiduedd, ond mi faswn i'n dweud celwydd taswn i'n dweud bod o ddim yn effeithio arnoch chi. Unwaith roeddach chi'n gweld y cwmwl o fwg du 'ma ac yn ogleuo'r mwg, roeddach chi'n gwybod bod 'na rywun yn rhywle yn wynebu colled enfawr. Roedd yr arogl diheintydd yn yr aer bron yn barhaus. Wrth i mi yrru o fferm i fferm yn gohebu, roeddwn i'n gweld y pentyrrau 'ma o gyrff.

Dwi'n cofio o ran newyddiadura, roedd 'na gwestiynu faint oeddan ni i fod i'w ddangos. Oedd o'n weddus i ddangos cyrff anifeiliaid mewn pentyrrau ar iard ffermydd cyn iddyn nhw gael eu llosgi?

Beth bynnag oedd eich barn chi, roedd rhai o'r delweddau'n erchyll. Roeddan nhw'n effeithio arnoch chi ac roeddwn i'n eu gweld nhw fel rhan o stori cefn gwlad am gyfnod o fisoedd. Maen nhw'n dweud rŵan, petai achos arall o'r clwy, mi fasen nhw'n ceisio osgoi'r llosgi yn y dyfodol. Ond pwy a ŵyr. Dyna'r dymuniad, ond ai dyna fyddai'n digwydd go iawn? Dwi ddim yn gwybod.

Dim ond wrth edrych 'nôl dach chi'n sylweddoli mor ddifrifol oedd y sefyllfa. Roedd gymaint o brysurdeb ar y pryd a'r stori'n mynd ar garlam i bob cyfeiriad. Falle bod rhywun ddim wedi sylweddoli'r effaith yn iawn ar iechyd meddwl ffermwyr a'r teuluoedd – y pwysau dychrynllyd, a'r argyfwng ariannol oedd arnyn nhw. Dwi'n meddwl falle bod yr oedi a fu'n ystod cyfnod cyntaf y clwy, yn arbennig yn ystod y dyddiau cyntaf, wedi ychwanegu at y tswnami o bwysau.

Roedd 'na amheuaeth bod yr achos cyntaf wedi'i ganfod yn Essex mewn criw o 27 o foch ar y 19eg o Chwefror. Cafodd ei gadarnhau'r diwrnod canlynol. Erbyn yr 21ain o Chwefror mi gyflwynodd yr Undeb Ewropeaidd waharddiad ar allforion o Brydain. Ond mi roedd hi'n ddau ddiwrnod arall wedyn, ar y 23ain o Chwefror, cyn bod gwaharddiad ar symud anifeiliaid ar hyd a lled gwledydd Prydain. Roedd 'na farchnad anifeiliaid fawr wedi ei chynnal yn Cumbria yn y cyfamser, cyn i'r rheiny gael eu gwahardd hefyd. Yn ddi-os, yn ystod y cyfnod cynnar yna, mi na'th y clwy ledaenu i ddegau o ffermydd ac mi wnaed difrod anhygoel oherwydd yr oedi.

Yn ddi-os, mi roedd bai mawr ar yr awdurdodau ac ar y Llywodraeth, ond mi roedd y sefyllfa yma'n ddigynsail.

Y tro diwethaf i Brydain weld achos o'r clwy traed a'r genau oedd yn 1967. Bryd hynny, cafodd cynllun gweithredu ei osod mewn lle i baratoi ar gyfer y posibilrwydd y byddai'r clwy yn dod 'nôl. Ond y drafferth oedd fod y cynllun hwnnw'n seiliedig ar y clwy'n cael ei gadarnhau ar ddeg o ffermydd.

Pan rydach chi'n darllen adroddiadau am yr hyn ddigwyddodd yn 2001, maen nhw'n amcangyfrif bod y clwy ar 50 o ffermydd yn barod erbyn i'r achos cyntaf gael ei gadarnhau yn y lladd-dy hwnnw yn Essex ar y 19eg o Chwefror. Doedd lledaeniad y clwy yn ddim byd tebyg i'r hyn oedd wedi digwydd yn 1967. Y ffactor arall mae'n rhaid ei grybwyll hefyd ydy bod anifeiliaid yn symud llawer mwy aml a llawer pellach erbyn 2001 o'i gymharu â 1967.

Pan rydach chi'n gweld mapiau erbyn hyn o'r marchnadoedd anifeiliaid oedd wedi eu cynnal – lle roedd yr anifeiliaid wedi mynd a lle roedd y clwy wedi cyrraedd – rydach chi'n gweld bod y darlun yn gwbl wahanol i'r hyn ddigwyddodd yn 1967. Felly, roedd oedi difrifol, a beirniadu mawr. Ond ochr arall y geiniog ydy bod y sefyllfa yn gwbl newydd.

Doedd yr awdurdodau na nifer fawr o bobl erioed wedi gweld clwy'r traed a'r genau. Doedd ffermwyr, na nifer o filfeddygon, ddim yn gwybod beth oedd o, mewn gwirionedd. Ar un cyfnod, dwi'n meddwl bod na 10,000 o filfeddygon yn gweithio fel rhan o'r ymgyrch i geisio rheoli'r clwy, a llawer ohonyn nhw erioed wedi gweld achosion o glwy'r traed a'r genau. Ac felly pan rydach chi'n ystyried hynny, a rhoi'r holl ffeithiau 'ma yn y crochan, does dim syndod mewn gwirionedd ei fod o wedi cael effaith fawr ar iechyd meddwl pobl.

O'm rhan i, fy nghyfrifoldeb i ar y pryd oedd bod yn ohebydd materion gwledig. Dim ond ym mis Tachwedd 2000 y dechreues i'r swydd – y tro cynta i adran newyddion BBC Cymru benodi gohebydd materion gwledig. Rhyw dri mis i fewn i'r swydd ro'n i'n wynebu stori anferthol. Felly ro'n i'n teimlo cyfrifoldeb a dyletswydd i weithio cyn galeted ag y gallwn i o fore gwyn tan nos. Mi roedd o'n gyfnod o brysurdeb mawr, o weithio oriau hir, ond doedd hynny'n ddim byd o'i gymharu â'r golled roedd rhai ffermwyr yn ei wynebu.

Mi 'nes i holi arweinwyr yr undebau droeon, yma yng ngardd y BBC ym Mangor. Mae hynny efallai'n swnio'n od iawn. Bob Parry oedd Llywydd Undeb Amaethwyr Cymru ar y pryd. Roedd Peredur Hughes yn byw dafliad carreg oddi wrth Bob Parry, hefyd yn Ynys Môn. Fo oedd un o arweinwyr Undeb yr NFU a dwn i'm faint o weithiau roeddwn i'n eu holi nhw'n fyw ar gyfer *Newyddion S4C* gyda'r nos. Roeddan ni'n ffilmio yng ngardd y BBC er mwyn sicrhau nad oeddan ni'n gyfrifol am fynd â'r clwy o fferm i fferm.

Roeddan nhw hefyd yn barod iawn i helpu. Dwi ddim yn meddwl iddyn nhw wrthod cyfweliad o gwbl. Roeddan nhw'n gwybod bod rhoi cyfweliad yn ffordd o roi gwybodaeth i ffermwyr.

Rhan arall bwysig o'r jigso oedd y Cynulliad Cenedlaethol. Roedd datganoli mewn grym erbyn hynny, ac er bod amaethyddiaeth wedi'i ddatganoli, doedd bob rhan o iechyd anifeiliaid ddim. Felly, er bod Carwyn Jones yn Weinidog Materion Gwledig ar y pryd, gweinidog eitha ifanc hefyd, roedd yr holl rym ar gyfer rheoli'r clwy yn dal i fod yn San Steffan. Dwi'n meddwl mai dyma'r cyfnod na'th Carwyn Jones ei farc ar y byd gwleidyddol. Mi gafodd glod mawr am ei waith diflino, wrth geisio bod mor flaengar ag oedd yn bosib iddo fod yn ystod y clwy. Ond eto, roedd llawer iawn o'r grym yn San Steffan.

Mae'r sefyllfa'n wahanol erbyn hyn. Mae'r holl reolau sy'n ymwneud ag iechyd anifeiliaid bellach wedi eu datganoli i Senedd Cymru, ond roedd o i gyd yn rhan o'r cymhlethdod ar y pryd bod 'na sawl haen o awdurdod mewn gwirionedd. Roedd rhaid deall pwy oedd yn gyfrifol am neud hyn, llall ac arall. Felly roedd hi'n gyfnod prysur o ran y Cynulliad ac o safbwynt Carwyn Jones fel Gweinidog Materion Gwledig. Felly hefyd i'r undebau amaeth oedd yn ceisio cadw'r ddysgl yn wastad o safbwynt buddiannau ffermwyr, ond hefyd yn ceisio gwneud yn siŵr nad oedd y clwy yn lledaenu.

Roedd pwysau mawr ar bawb. Felly os ydych chi'n rhoi hyn yn ei gyd-destun, basa fo'n iawn dweud bod 'na bwysau dychrynllyd arna i hefyd. Ond roedd llawer mwy o bwysau ar bobl eraill ar y pryd.

Ro'n i'n gweld bywoliaeth pobl yn mynd yn fflamau ac yn llwch dros nos. Mi na'th o effeithio arna i ac ar gymunedau cyfan. Doedd hi ddim yn stori na'th effeithio ar un garfan fach o'r gymdeithas am ychydig funudau'n unig, ond roedd hi'n effeithio ar y diwydiant amaeth am fisoedd, ac yn wir, am flynyddoedd, oherwydd fe gyflwynwyd rheolau am symudiadau anifeiliaid sy'n dal mewn grym heddiw. Mae'n stori na'th effeithio ar y diwydiant amaeth am byth.

Gyda llaw, fuodd 'na erioed ymchwiliad cyhoeddus i'r hyn ddigwyddodd. Roedd hynny'n daten boeth yn wleidyddol hefyd. Ac mae rhywun jyst yn gobeithio 'mod i wedi chwarae rhan fach, a neud fy ngorau glas ar y pryd i roi gwybodaeth, beth bynnag.

# ELEN WYN

## Gobaith yn y pandemig

*"Mae be mae Morgan wedi neud mor sbesial."*

Mali Elwy, *Newyddion S4C*

Ionawr 12, 2021

Mi roedd y pandemig yn gyfnod rhyfedd iawn i ohebwyr a chriwiau camera. Wrth i bawb arall addasu i weithio o adra, mi roeddan ni'n gorfod mynd allan ar y lôn a chyfweld bron iawn bob dydd. Dwi ddim yn honni am eiliad fod ein gwaith ni'n cymharu o gwbl ag aberth y gwasanaethau iechyd a gofal, ond mi roedd hi'n gyfnod eithriadol. Roedd y newyddion yn negyddol a thrist o hyd.

Fel gohebydd i *Newyddion S4C* a BBC Cymru, ro'n i'n cael bod yn dyst i sut oedd pethau go iawn ym mhob cwr. Mi 'nes i gyfarfod â phobl anhygoel ar eu gorau ac ar eu gwaethaf, braint na wna i fyth anghofio.

Yn ymarferol, roedd o'n gyfnod heriol i'r stafell newyddion drwyddi draw. Wrth ffilmio, roedd gynnon ni feicroffonau hir iawn er mwyn cadw pellter. Prin fod pwy bynnag ro'n i'n ei holi yn gallu 'nghlywed i'n siarad weithia.

Dwi'n byw yn Ninbych yn Nyffryn Clwyd ac ro'n i'n ymwybodol o hanes Mali Elwy a'i bod hi'n disgwyl trawsblaniad aren. Yr haf hwnnw, roedd cyfres ar raglenni'r BBC yn edrych ar sut haf oedd hi'n mynd i fod i bobl ifanc ynghanol y pandemig. Roeddan ni eisiau dangos sut oedd y cyfnodau clo wedi effeithio arnyn nhw. Doedd rhai ddim yn gallu mynd i'w gwaith, i'r brifysgol, rhai'n gorfod aros adre, rhai'n methu dod adre.

Stori Mali wrth gwrs oedd ei bod hi wedi gorfod rhoi ei bywyd *on hold* fel petai, am ei bod hi'n disgwyl trawsblaniad. Mi gafodd ddyddiad ar gyfer y driniaeth cyn clywed ar y funud olaf ei bod wedi'i chanslo oherwydd bod cymaint o bwysau ar y gwasanaeth iechyd yn ystod y cyfnodau clo.

Un deg naw oed oedd hi.

A dweud y gwir, roedd hi'n gyfyng-gyngor a ddylwn i fynd ati i'w holi. Roeddan ni eisiau darlledu ei stori, ond hefyd yn poeni. Roeddan ni eisiau bod yn ofalus rhag cario unrhyw haint a fyddai'n peryglu ei hiechyd hi. Felly, naethon ni bendroni am yn hir a ddylen ni deithio ati hi neu beidio. Ond roedd hi'n awyddus i ni ddŵad, ac roeddan ni'n cadw pellter cymdeithasol, gwisgo masgiau, ac roedd gen i ddigon o boteli *sanitiser* ym mhob poced. Roedd hi mor fregus, felly roeddan ni eisiau bod mor ofalus â phosib.

Hyfryd oedd cael ei chyfarfod hi am y tro cyntaf. Ganol fis Awst 2020 oedd hi. Roeddan ni wedi cael sawl cyfnod clo a phethau'n dechrau llacio dros yr haf. Ond wrth gwrs, nid dyna sut oedd pethau i Mali. Roedd hi'n gorfod ynysu drwy'r haf. Roeddan nhw fel teulu yn gorfod glynu at y rheolau o hyd.

Roedd Mali wedi bod yn ynysu efo'i nain am dri mis ar ddechrau'r cyfnod clo, yn byw mewn bwthyn bach dros y ffordd i gartre'i theulu ym mhentref Tanyfron. Mae'r lle yn anghysbell go iawn, caeau am filltiroedd a golygfeydd bendigedig, felly mi roeddan nhw'n ynysu *go iawn* fel teulu, gan nad oeddan nhw'n agos at unrhyw dre na siopau. Roedd Mali a'i nain yn dibynnu llawer ar ei gilydd ac yn canu i godi'r ysbryd. Roeddan nhw'n rhan o dudalen 'Côr-ona' ar Facebook, lle roedd pobl yn anfon fideos ohonyn nhw eu hunain yn canu. Erbyn hyn, rydan ni'n ymwybodol ei bod hi'n canu yn aml mewn gigs ac yn hoffi perfformio, ond pan aethon ni ati, mi ffilmio ni hi a'i nain yn canu emyn mewn deuawd.

Wrth sgwrsio mi eglurodd ei bod hi wedi cael canser pan oedd hi'n dair oed. Dwedodd bod y tiwmor maint torth o fara a bod y meddygon wedi'i dynnu o'i chorff ar y pryd, ynghyd â'r aren chwith. "Mae pobl yn gallu byw efo un aren yn hawdd," dwedodd wrtha i, "ond yn anffodus aeth fy aren arall i mewn i *post-operational failure*. Ers hynny, mae gen i'r cyflwr *chronic renal failure*." Roedd y trawsblaniad i fod i ddigwydd ar ddiwedd mis Awst ond yn anffodus cafodd ei ohirio, a'r rhwystredigaeth i Mali oedd bod rhai trawsblaniadau yn ailddechrau. Ei gobaith hi oedd y byddai'n cael y llawdriniaeth cyn diwedd y flwyddyn.

Dydy pawb ddim yn ei chael hi'n hawdd rhannu teimladau ar gamera, ond roedd Mali yn un hawdd siarad â hi. Mae hi'n hogan gre iawn, yn llawn brwdfrydedd, yn fywiog, ac yn gweld yr ochr gadarnhaol i bob dim. Roedd hi'n ddewr iawn yn rhannu sut oedd hi'n teimlo. Roedd hi'n amlwg ei bod hi'n dallt y sefyllfa ac yn ymdopi orau medrai hi. Roedd hi'n dweud, "Tra dwi'n gallu, dwi'n mynd i gario mlaen." Roedd hi'n llawn gobaith y byddai'r trawsblaniad yn digwydd yn fuan ac na fyddai'n cael ei ohirio eto.

"Ma pawb yn meddwl 'mod i'n iawn," ddudodd hi. "Dwi'n trio rhoi gwên mlaen. Ond dydw i ddim yn iawn. Dwi'n sâl."

Roedd hi wedi sôn wrtha i ei bod hi'n blino ac yn treulio hanner ei diwrnodau yn y gwely. Roedd hi'n amlwg i mi erbyn hyn ei bod hi wedi colli chydig o'i hysbryd. Roedd y cyfnodau clo'n dod i ben a phobl wedi dechrau mynd allan a chymdeithasu eto.

Ar y pryd, mi roedd yna drafodaethau cyhoeddus am y cyfnodau clo, gyda rhai'n amau a oedd yna bwrpas iddyn nhw. Dwi'n cofio gofyn iddi, "Be sa chdi'n deud wrth bobl sy wedi laru efo'r cyfnodau clo?"

A dwi'n cofio'r ateb.

"Wel, mae'n gyfnod clo arna i o hyd. Os nad ydy'r cyfnodau clo 'ma'n cael eu neud, fyddwn ni fyth yn dod o'r twll 'ma. A bydd llawdriniaethau yn cael eu canslo, nid jyst i fi ond i filoedd o bobl." Roedd hi'n erfyn ar bobl i ddilyn y canllawiau.

O, ro'n i'n teimlo gymaint o biti drosti.

Fel gohebydd, dwi'n ymwybodol nad ydy rhywun i fod i glosio yn rhy agos at straeon. Ond dydy rhywun ddim yn gallu peidio agosáu at rywun fel Mali. Mae hi'n hogan mor hyfryd, a'i theulu hefyd. Roedd gen i eisiau ei gweld hi'n cael rhywfaint o hapusrwydd, a chydig bach o normalrwydd yn ôl.

Roedd 'na bobl ifanc ro'n i'n eu nabod ar hyd a lled Dyffryn Clwyd yn ailgydio yn eu bywydau ar ôl y cyfnodau clo, a hithau'n sownd. Yn methu dianc o'r tŷ. Yn disgwyl am y trawsblaniad.

Erbyn yr eildro pan aethon ni i'w gweld hi roedd hi'n emosiynol *iawn*.

Roedd hi'n ddagreuol, a'r reddf famol yndda i, nid y reddf newyddiadurol, yn ysu i afael yn ei llaw. Ond wrth gwrs, doedd dim posib neud hynny oherwydd roeddan ni'n gorfod bod dau fetr oddi wrth ein gilydd. Gyda'r masgiau yn gorchuddio'n wynebau, roeddwn i'n gobeithio ei bod hi'n medru gweld fy nghydymdeimlad – drwy fy llygaid.

Ro'n i'n ffeindio hynny'n anodd.

Ac nid dim ond ar Mali roedd o'n effeithio, ond ei theulu i gyd. Un person yn arbennig – brawd Mali, Morgan Elwy. Mae o'n adnabyddus erbyn hyn am ennill *Cân i Gymru* 2021 gyda'i gân 'Bach o Hwne'. Ond bob tro roedd llawdriniaeth Mali'n cael ei gohirio, roedd hynny'n effeithio arno fo hefyd. Roedd y meddygon wedi darganfod mai fo oedd y *match* gorau i Mali, felly aren ei brawd Morgan roedd hi am ei chael.

Ym mis Hydref 2020, dyna oedd un o brif ofnau Mali. Roedd hi'n teimlo bod yr oedi yn chwarae efo'i fywyd o hefyd. Roedd hi'n dweud wrtha i, "Dwi'n *gutted*." Nid drosti hi ei hun, ond dros ei brawd hefyd. Roedd o'n athro yn Lloegr ar y pryd.

Ond yna daeth y foment fawr, ym mis Ionawr 2021. Roedd y ddau adref o'r ysbyty ar ôl y trawsblaniad, ac roeddan ni wedi trefnu i fynd i siarad efo nhw efo'r camerâu ac ati, ond iesgob annwyl, dyma hi'n dechrau bwrw eira! Doeddan ni ddim yn gallu mynd i Danyfron wedi'r cwbl, nid oherwydd y cyfyngiadau clo, ond oherwydd y tywydd!

Felly cwrdd â Morgan Elwy am y tro cyntaf dros Zoom 'nes i. Dyna sut naethon ni'r cyfweliad. Ond roedd hi'n bleser llwyr cael ei gyfarfod o. Mae o'n gymeriad a hanner, cymeriad cry, ac ar ôl rhoi aren i'w chwaer dyma fo'n dweud: "Dwi'n meddwl basa unrhyw frawd mawr da yn ei neud o!"

Dwi'n meddwl bod Mali yn nerfus iawn dros ei brawd yn fwy na hi ei hun. Roedd hi'n sôn am yr aberth roedd o wedi'i neud drosti. Ond pan oedd o'n siarad am y trawsblaniad, roedd hi'n amlwg nad oedd o wedi meddwl ddwywaith am neud hyn. Fo oedd y *match*, ac roedd o'n mynd i neud hyn, doed a ddêl. Roedd y ddau'n gwybod mor fawr oedd y llawdriniaeth, ac mae 'na luniau ohonyn nhw ar ôl y driniaeth yn codi bawd. Ro'n nhw'n edrych mor hapus ar ôl bod drwy gymaint.

Roedd Mali'n egluro gymaint gwell roedd hi'n teimlo ar ôl cael yr aren newydd ac yn ceisio esbonio sut roedd hi'n teimlo am ei brawd.

"Mae be mae Morgan wedi neud mor sbesial. Mae'n anodd rhoi mewn i eiriau, rili. Mae'n teimlo fatha bod o wedi rhoi'r anrheg anhygoel yma i fi. Dwi'm yn gwybod sut i esbonio fo... Mae be mae o wedi neud yn anhygoel. A bydda i'n ddiolchgar am byth am be mae o wedi neud."

Roedd cael trosglwyddo newyddion hapus ynghanol tristwch y pandemig yn deimlad hynod o braf. Newyddion da o lawenydd mawr yng nghanol y storm. Gyda phob bwletin yn llawn anobaith, y cyfnodau clo yn digwydd, yna'n llacio drosodd a throsodd, ffigyrau'r meirw yn codi, roedd gohebu yn gallu bod yn straen, felly roedd cyfle i gyhoeddi'r stori yma ar ôl blwyddyn mor anodd i bawb yn fraint.

I newyddiadurwyr ledled y byd, roedd pandemig

Covid-19 yn stori newyddion heb ei thebyg. Ac yng nghanol dryswch y cyfnod roedd hi'n rhyddhad medru cynnig llygedyn o obaith a helpu i godi calon – weithiau.

Roedd pobl wedi cymryd at stori Mali Elwy, gyda degau o sylwadau ar wefannau cymdeithasol newyddion yn dymuno'r gora iddi. A phan ddaeth y newyddion da am lwyddiant y trawsblaniad a Mali'n teimlo cystal ar ôl y llawdriniaeth – roeddwn i'n teimlo mor hapus o gael trosglwyddo'r newyddion da hwnnw i Gymru gyfan.

Roedd stori Mali wedi cyffwrdd â'n criwiau cynhyrchu ni hefyd. O Gaerdydd i Fangor dwi'n cofio derbyn negeseuon gan gyd-weithwyr yn dweud eu bod nhw'n falch iawn o gael cynnwys stori hapus mewn rhaglen wedi misoedd o dristwch. Roedd hi wedi codi ysbryd criw'r stafell newyddion heb sôn am y cyhoedd oedd yn darllen a gweld y newyddion.

Dwi'n meddwl ei bod hi wedi'i synnu gan yr holl gefnogaeth. Dwi'm yn meddwl ei bod hi'n sylweddoli faint roedd hi wedi cyffwrdd â chalonnau nifer o bobl dros Gymru. Nid yn unig yn Nhanyfron, yn Llansannan yn y gogledd ond dros Gymru gyfan. Roedd hi wedi dotio gyda'r sylwadau a'r negeseuon.

Weithiau ar ôl gohebu ar stori bydda i'n mynd â'r ci am dro a bydd rhywun yn stopio ac yn dweud eu bod wedi gweld yr eitem yma neu'r llall. Ac yn wir, roedd cymaint o bobl yn dod ata i yn dweud mor falch oeddan nhw dros

Mali. Ro'n innau wedyn yn trosglwyddo'r negeseuon iddi hi.

Mae newyddion da am wydnwch mewn adfyd yn ein hatgoffa ni fel cymdeithas fod yna obaith, ac mi roedd stori Mali a Morgan yn cynnig y gobaith hwnnw.

Rydan ni'n dal mewn cyswllt. Dwi wrth fy modd ei bod wedi mynd mlaen i astudio ym Mhrifysgol Bangor. Mae hi'n iach ac mae pob dim yn mynd yn dda. Yn 2023 mi na'th hi ennill gwobr Ysgoloriaeth Bryn Terfel yn yr Urdd am berfformiad actio. Yn 2025, hi enillodd y Goron yn Eisteddfod yr Urdd Dur a Môr ym Margam. Felly, ydy, mae hi'n cymryd bob cyfle ac yn byw bywyd i'r eitha.

Wrth fy ngwaith fel gohebydd, mae pobl wedi siarad efo fi yn eu cyfnodau tywyllaf ac yn eu cyfnodau hapusaf. Dwi'n meddwl bod stori Mali wedi taro tant oherwydd roeddan ni ynghanol y cyfnod clo. Doedd neb yn gwybod beth oedd yn digwydd nesa.

Roedd hi'n rhwydd anghofio am y genhedlaeth iau ynghanol hyn i gyd. Dwi'n fam ac yn llysfam ac o'n i'n gweld faint oedd pobl ifanc yn ei golli ar y pryd. Doedd gennyn nhw ddim rhyddid. Roedd gen i, fel oedolyn, ddigon o bethau i 'nghadw i'n brysur. Ond na'th llwyth o bobl ifanc golli eu haddysg, eu cymdeithasu, eu hyder hefyd.

Ro'n i'n gweld fy mhlant a fy llysblant yn Mali, a 'nghalon i'n brifo drosti. Mae hi'n hogan leol ac yn hogan mor hyfryd. Mae teulu Mali yn deulu direidus, llawn hwyl. Ynghanol yr holl dristwch yn y cyfnodau clo, roedd cael bod efo teulu Tanyfron a rhannu eu taith yn brofiad hollol arbennig.

# VAUGHAN RODERICK

## Cynllwyn yr heddlu

*"If you believe the case put forward by the Defence, you really have to draw the conclusion that police officers from four different forces conspired to produce false evidence."*

Y Barnwr, Mr Ustus Farquharson,
Llys y Goron Caerdydd, Hydref 1983

Mae 'na straeon mawr rwy wedi ymwneud â nhw. Basen i wedi gallu trafod Refferendwm '97. Basen i wedi gallu trafod Streic y Glowyr, ond mae'r rheiny ar gof a chadw. Mae hon yn stori sydd wedi mynd yn angof.

Achos Ffrwydron Caerdydd, 1983.

Ar y pryd, hwn oedd achos llys cyfreithiol hiraf a mwyaf costus yn hanes Cymru. Fe gostiodd dros filiwn o bunnau, oedd yn swm enfawr yn yr wythdegau.

Yr hyn sy'n ddiddorol am y stori 'ma yw bod Heddlu De Cymru ar y pryd yn weddol bwdr, yn enwedig y CID. Doedden ni ddim yn gwybod hynny ar y pryd ond fe ddaeth yn amlwg yn ddiweddarach oherwydd achosion fel Lynette White a'r Cardiff Three, ac yn y blaen. Daeth hi'n amlwg bod yr heddlu yn rhoi pwysau annheg ar y bobl o'n nhw'n eu holi, yn ffugio cyffesiadau ac yn ymyrryd â thystiolaeth. Ond yr achos yma oedd y prawf cyntaf o hynny, a na'th y cyfryngau Saesneg anwybyddu'r stori, fwy neu lai.

Petaen nhw wedi talu sylw, rwy'n meddwl efallai na fyddai'r achosion mwy enwog o gamweinyddu cyfiawnder ar ran Heddlu De Cymru wedi digwydd.

Rhyw 26 oed o'n i ym mis Medi 1983, ac fe ges i'n anfon i ohebu ar yr achos llys yma na'th bara naw wythnos i gyd. Roedd wyth o ddiffynyddion ar ddechrau'r achos. Erbyn y diwedd, dim ond pump. Roedd nifer o gyhuddiadau penodol yn eu herbyn nhw yn ymwneud ag 13 achos o osod ffrwydron ar dargedau gwleidyddol yng Nghymru a rhannau o Loegr. Digwyddiadau oedd yn frawychus i bobl gyffredin yn bendant, a hefyd, wrth gwrs, i'r gwleidyddion.

Mae'r cyfan ry'n ni'n sôn amdano yn disgyn o dan gysgod Refferendwm Datganoli 1979 pan oedd Cymru wedi pleidleisio o fwyafrif llethol i wrthod y syniad o sefydlu Cynulliad, a hynny ar Ddydd Gŵyl Dewi. Wrth gwrs, canlyniad hynny i gyd oedd bod pobl wedi dweud bod datganoli yn ei fedd. Felly roedd y syniad o genedlaetholdeb yn farw, i bob pwrpas. Yn amlwg roedd hi'n drobwynt yn ein hanes ni. Roedd streic y glowyr ar fin dechrau a'r holl newidiadau cymdeithasol economaidd na'th hynny esgor arnyn nhw. Roedd hanner cynta'r 1980au yn gyfnod cythryblus iawn yn wleidyddol yng Nghymru. Roedd sawl ymateb i golli'r refferendwm. Yr ymateb enwocaf efallai oedd bygythiad Gwynfor Evans i ymprydio i farwolaeth ynghylch mater y sianel. Ac o fewn chwech i saith mis i'r refferendwm ddigwydd, dechreuodd yr ymgyrch llosgi tai haf. Wedyn, yn 1980, cafwyd cyrch enwog Sul y Blodau, Operation Tân, pan arestiwyd nifer o bobl – 52 i gyd – a'u rhyddhau heb unrhyw fath o gyhuddiad, y rhan fwyaf ohonyn nhw.

Wedyn dechreuodd ail set o ymosodiadau terfysgol. Y tro yma roedd y rhain yn ne-ddwyrain Cymru a chanolbarth Lloegr. Roedd yr ymosodiadau yma'n bennaf ar adeiladau fel swyddfeydd recriwtio'r fyddin a swyddfeydd y Blaid Geidwadol. Ond cafodd ffrwydryn ei osod yng nghartref yr Ysgrifennydd Gwladol ar y pryd, Nicholas Edwards, ar yr un diwrnod â ffrwydryn yn swyddfeydd y Blaid Geidwadol yng Nghaerdydd, sef y 18fed o Orffennaf, 1980. Ym mis Hydref 1981, roedd disgwyl i'r Tywysog Charles ymweld â swyddfa recriwtio'r fyddin ym Mhontypridd ond cafodd bom ei ddarganfod yno ar y 26ain o'r mis. Cafodd ei ddiffodd gan yr awdurdodau cyn iddo ffrwydro, a deuddydd wedyn cafodd ffrwydryn arall ei wneud yn ddiogel hefyd.

Roedd hi'n weddol amlwg ar y pryd nad oedd cysylltiad rhwng yr ymosodiadau yma a'r ymgyrch llosgi tai haf. Ro'n nhw'n digwydd mewn rhannau eraill o'r wlad ac roedd y targedau yn wahanol. Ond roedden nhw'n ddifrifol, yn enwedig yr ymosodiad ar dŷ Nicholas Edwards, lle roedd ei fab, Rupert, yn cysgu yn yr ystafell lle osodwyd y bom ar y sìl ffenest tu fas.

Doedd hi ddim yn sefyllfa fel oedd hi yng Ngogledd Iwerddon. Roedd yr ymosodiadau ar dai haf gan Feibion Glyndŵr yn digwydd ar dai gwag. Do'n nhw ddim yn codi cymaint â hynny o arswyd. Ond roedd y bomiau yn neddwyrain Cymru ychydig yn wahanol oherwydd bomiau o'n nhw, ac yn cael eu gosod tu fas. Roedd wastad perygl y gallen nhw ffrwydro wrth i rywun ddigwydd cerdded heibio, fel oedd wedi digwydd adeg yr Arwisgiad yn 1969 pan anafwyd bachgen deg oed yn ddifrifol ar ôl dod o hyd i fom oedd wedi'i adael mewn man cyhoeddus yng Nghaernarfon.

Felly, canlyniad yr ymosodiadau yma oedd bod 'na bwysau mawr ar yr heddlu. Roedd Heddlu'r Gogledd a Heddlu Dyfed Powys wedi methu sicrhau cyfiawnder o ran Operation Tân. Falle bod 'na elfen o gystadleuaeth gyda'r josgins a'r hambons i wneud arestiadau, felly roedd Heddlu De Cymru yn awchu am lwyddiant. Dyna gafwyd rhyw flwyddyn neu ddwy yn ddiweddarach, gyda'r arestiadau cyn yr achos yma.

Mae angen i ni sôn fan hyn am fudiad o'r enw WRSM, y Welsh Republic Socialist Movement. Roedd y mudiad wedi cychwyn fel grŵp y tu fewn i Blaid Cymru, ond wedyn fe wahanon nhw oddi wrth y blaid a doedd hi ddim yn blaid wleidyddol. Roedd nifer o'r aelodau yn aelodau o Blaid Cymru a nifer o bleidiau eraill. Dim ond ychydig gannoedd o aelodau oedd ganddyn nhw, ond ro'n nhw'n abl iawn i sicrhau cyhoeddusrwydd.

Roedd ganddyn nhw brotestiadau lliwgar ac roedden nhw hefyd wedi llwyddo i dwyllo tîm o newyddiadurwyr o raglen *Nationwide*. Dyma oedd *Y* rhaglen materion cyfoes fwyaf poblogaidd ym Mhrydain ar y pryd. Roedd y newyddiadurwyr wedi dod i Gymru i neud ffilm am eithafiaeth Cymreig a dewis holi pobl o'r mudiad gweriniaethol.

Na'th y mudiad gweriniaethol esgus eu bod nhw'n gallu cysylltu'r criw ffilmio â mudiad o'r enw WAWR, y Workers' Army of the Welsh Republic. Nhw oedd wedi hawlio cyfrifoldeb am osod y bomiau yn y de-ddwyrain. Felly aethon nhw â'r criw o *Nationwide*, gosod mygydau dros eu llygaid, eu gyrru o gwmpas Caerdydd a mynd â nhw i leoliad 'dirgel' lle ffilmiwyd y cynrychiolydd o WAWR yn anhysbys, mewn silwét.

Rwy'n cofio gwylio'r ffilm honno a darganfod wedyn ei bod hi wedi cael ei ffilmio yn Nhŷ'r Cymry, sef canolfan gymdeithasol Gymreig yng Nghaerdydd. Ond o'n i'n nabod y boi yn syth. Roedd e'n siarad Cymraeg gydag acen Caerdydd a dyw hynny ddim yn rhywbeth arferol, felly o'n i'n gwybod yn iawn pwy oedd y boi. Doedd hi ddim yn hir cyn i Heddlu De Cymru sylweddoli pwy oedd e chwaith.

Ymateb yr heddlu i'r rhaglen oedd llwyth o arestiadau o bobl oedd yn gysylltiedig â'r mudiad gweriniaethol. Dyw hi ddim yn iawn i enwi'r diffynyddion i gyd wedi'r holl flynyddoedd, ar ôl i'r rhan fwyaf gael eu canfod yn ddieuog. Roedd 'na gyhuddiadau penodol yn erbyn y pump ohonyn nhw – bod â ffrwydron yn eu meddiant, gosod bomiau ac yn y blaen – ond y prif gyhuddiad oedd cynllwynio.

Roedd tipyn o sylw ar y pryd i ddefnydd yr heddlu o'r cyhuddiadau yma, achos roedd cyhuddiadau o gynllwynio eisoes wedi'u dwyn yn erbyn arweinwyr Cymdeithas yr Iaith rai blynyddoedd ynghynt. Os oeddech chi'n aelod o senedd Cymdeithas yr Iaith roedd yr heddlu yn eich ystyried chi'n rhan o'r cynllwyn mastiau teledu. Roedd e'n cael ei weld fel ffordd o hala pobl i'r carchar heb orfod profi eu bod nhw wedi neud pethau penodol.

Roedd y pump yma wedi'u cyhuddo o gynllwynio yn ogystal â chyhuddiadau unigol. Roedd e'n achos hir a chymhleth. Fe sgwennodd y newyddiadurwr, John Osmond, lyfr am yr hanes yn 1984, *Police Conspiracy?*, gan nodi bod yr achos yn un anodd iawn i sgwennu amdano oherwydd yr holl haenau, yr hanes, yr ystyriaethau cyfreithiol a'r troeon trwstan – heb sôn am agwedd yr heddlu.

Fel gohebydd, roedd hi'n hynod ddiddorol i fod yn y

llys bob dydd, achos ro'n i'n gwylio'r rheithgor. Ar y pryd, rwy'n meddwl ei bod hi'n deg dweud bod ymddiriedaeth pobl yn yr heddlu lot uwch nag yw e heddiw. Roedd y rhan fwyaf o bobl yn credu os oedd yr heddlu'n dweud rhywbeth, eu bod nhw'n dweud y gwir. Ond o'n i'n edrych ar wynebau'r rheithgor ac yn eu gwylio'n nhw'n raddol yn newid eu meddyliau wrth i'r achos fynd yn ei flaen.

Y gwir yw, roedd e'n syrcas o achos.

Yn arwain ar ran yr erlyniad roedd Gareth Williams, yr Arglwydd Williams o Fostyn yn ddiweddarach, na'th wasanaethu ar gabinet Tony Blair. Roedd Gerald Elias yn eilydd iddo, ac yntau'n un o gwnselwyr y frenhines, yn ddyn amlwg iawn ar y pryd. Yr ochr arall roedd Mike Mansfield, oedd yn rhyw fath o *celebrity lawyer*, yn un o fargyfreithwyr mawr Llundain. Felly roedd e'n achos dramatig iawn, achos y rhein oedd y bargyfreithwyr gorau ym Mhrydain – ar y ddwy ochr.

Roedd rhywun yn synhwyro wrth i'r dyddiau fynd heibio bod ymddiriedaeth y rheithgor yn yr heddlu yn gwanhau. Roedd ambell eiliad lle daeth hynny'n amlwg iawn.

Yn gyntaf, roedd un o'r diffynyddion, Robert Griffiths, sydd bellach yn Ysgrifennydd Cyffredinol y Blaid Gomiwnyddol ym Mhrydain, wedi galw am dystiolaeth gan ei gyfreithiwr. Roedd e'n dweud bod y cyfreithiwr yn gallu profi ei fod e mewn lleoliad lle roedd yr heddlu'n dweud nad oedd e wedi bod yno, ar ôl iddo gael ei arestio.

Fe gyhuddodd un o'r heddlu'r cyfreithiwr 'ma o fod yn genedlaetholwr ac yn weriniaethwr, oedd ar ochr y diffynyddion. Y cyfreithiwr dan sylw oedd Jonathan Evans, gweinidog yn y Swyddfa Gymreig yn ddiweddarach, oedd eisoes wedi bod yn ymgeisydd seneddol i'r Ceidwadwyr. Felly, pan ddatgelwyd hynny i'r rheithgor roedd 'na chwerthin mawr yn y llys. Roedd yn amlwg bod yr heddlu wedi neud y cyhuddiad hurt 'ma yn erbyn cyfreithiwr o bawb. Rwy'n meddwl bod honno'n eiliad na'th newid trywydd pethau.

Un arall, ac mae'n reit gymhleth i'w esbonio, oedd y ffordd roedd 'na wahaniaethau rhwng nodiadau ysgrifenedig yr heddlu a'r adroddiadau oedd wedi'u teipio'n swyddogol wedyn. Roedd yr heddlu'n dweud bod swyddogion wedi bod yn cymryd nodiadau yn eu llyfrau nodiadau wrth fynd yn eu blaenau, ac yna wedi neud copïau wedi'u teipio ohonyn nhw.

Ond daeth anwiredd hyn i'r amlwg mewn ffordd ddoniol, oherwydd roedd yr erlynydd, Gareth Williams, yn cyflwyno cyfweliadau yn ddramatig iawn. Roedd e'n chwarae rhan y diffynnydd ac yn gofyn i'r heddlu fynd drwy'r cwestiynau o'n nhw wedi'u gofyn. Yn un o'r sesiynau yma, naethon nhw jyst dod i stop. Y rheswm am hynny oedd oherwydd bod 'na frawddeg yn y fersiwn deipiedig oedd ddim yn y fersiwn 'wreiddiol' mewn llawysgrifen. Nawr, base hynny wedi bod yn iawn y ffordd arall rownd, achos os y'ch chi'n copïo rhywbeth mae'n ddigon hawdd gadael brawddeg mas, ond sut oedd rhywbeth yn y fersiwn deipiedig nad oedd yn bodoli yn y fersiwn ysgrifenedig gwreiddiol? A'r hyn ddwedodd yr amddiffyniad yn syth, wrth gwrs, oedd ei bod hi'n amlwg mai'r fersiwn deipiedig yw'r fersiwn wreiddiol a bod y plismyn oedd wedi copïo'r fersiwn deipiedig wedi gadael pethau mas, wedi neud camsyniadau.

Rwy'n cofio syllu ar y rheithgor i weld eu hymateb, ac yn gallu gweld wynebau rhai ohonyn nhw nawr, yn eu gweld nhw'n meddwl, "*Hang on*, beth sy'n mynd mlaen fan hyn? Pa esboniad sy 'ma ac eithrio'r ffaith bod yr heddlu wedi ceisio 'gwella' ansawdd y dystiolaeth? Unwaith ry'ch chi'n dechrau gwella ansawdd y dystiolaeth, a newid y geiriad, beth arall maen nhw wedi'i neud? Beth arall ry'ch chi'n gallu ei gredu?"

Yn y diwedd, fe ddywedodd y Barnwr yn yr achos wrth y rheithgor: "Y penderfyniad penodol sy'n rhaid i chi ei wneud yw gonestrwydd y tystion. *The main contest is between the police and the defendants.*" A'r gwir yw i'r rheithgor amau hygrededd Heddlu'r De.

Dyfarnwyd neb yn euog o gynllwynio.

Dyna oedd yn allweddol, rwy'n meddwl. Ond roedd 'na ddiffynyddion ac roedd hi bron yn amhosib dweud eu bod nhw'n gyfan gwbl ddieuog. Ro'n nhw wedi arwain yr heddlu at ffrwydron oedd wedi'u cuddio. Felly aeth dau i'r carchar.

Roedd un yn enw cyfarwydd iawn, sef John Jenkins, oedd eisoes wedi treulio deg mlynedd yn y carchar oherwydd yr ymgyrch fomio 'nôl yn y 1960au. Bu John farw yn 87 oed ym mis Rhagfyr 2020. Yr un arall oedd Dafydd Ladd, anarchydd oedd hefyd wedi bod dan glo o'r blaen. Fel rhan o gytundeb gyda'r heddlu roedd Dafydd wedi cydnabod bod â ffrwydron yn ei feddiant, ar yr amod y byddai ei gariad yn cael ei rhyddhau. Roedd e wedi cael ar ddeall ei bod hi'n cael ei chadw mewn cell ar ei phen ei hun ger Bryste. Ond ar ôl sicrhau cyfaddefiad Dafydd, chafodd y cyhuddiadau yn erbyn ei gariad ddim eu gollwng wedi'r cyfan.

Roedd yr hw-ha a'r dadlau am y cytundeb amheus rhwng Dafydd Ladd a'r heddlu wedi arwain at oedi pellach i'r achos, a'r canlyniad yn y pen draw oedd i'w gariad gerdded yn rhydd o'r doc. Ond roedd e wedi arwain yr heddlu i dir Castell Coch lle roedd tanwyr ffrwydron wedi'u claddu. Roedd un arall o'r diffynyddion hefyd wedi gwneud cytundeb amheus â'r heddlu yn gyfnewid am rannu tystiolaeth, a chafodd yr achos yn erbyn hwnnw ei ollwng hefyd.

Roedd tystiolaeth sigledig drwyddi draw.

Y ffaith syml amdani oedd bod y cyhuddiadau o gynllwynio wedi'u gwrthod yn llwyr.

Mae'n werth cofio hefyd bod rhai o'r bobl a gafwyd yn ddieuog eisoes wedi treulio misoedd lawer yn y carchar. Roedd yr hyn oedd wedi digwydd wedi cael effaith ddifrifol ar eu bywydau. Ro'n nhw wedi colli swyddi, wedi colli perthynas.

Roedd pydredd yr heddlu – a phydredd oedd e – wedi achosi poen i bobl yn y byd go iawn.

Ar y llaw arall, mae hefyd yn wir i ddweud bod yr achos ei hun wedi chwalu'r mudiad gweriniaethol. Doedd e byth yr un peth ar ôl hynny. Fe na'th y bobl ddiflannu a chefnu ar wleidyddiaeth yn llwyr. Aeth rhai ohonyn nhw'n ôl at wleidyddiaeth plaid, fel Robert Griffiths. Ond roedd y mudiad oedd mor lliwgar ac wedi cael cymaint o effaith ar Gymru wedi mynd ar chwâl, a hynny, o leiaf yn rhannol, oherwydd yr achos llys.

Wrth gwrs, fel gohebydd, y cyfan o'n i'n gallu adrodd amdano oedd y digwyddiadau yn y llys. Ac fel y'ch chi wedi clywed, roedd hynny'n gymhleth – y gwahaniaeth rhwng y ddwy set o nodiadau ac yn y blaen.

Fe gafodd yr achos lot o sylw ar y cyfryngau Cymraeg. O'n i yna bob dydd ar gyfer S4C, roedd Ioan Roberts yna bob dydd ar gyfer Radio Cymru, ac roedd gohebydd gyda'r *Western Mail* yno bob dydd, ond dim ond sylw achlysurol roedd e'n ei gael ar y cyfryngau Saesneg yng Nghymru, Radio Wales neu *Wales Today*.

Fel nodais i ar y dechrau, petai'r achos llys yma wedi

cael mwy o sylw, mae'n bosib na fyddai achosion fel y Cardiff Three wedi digwydd yn ddiweddarach. Oherwydd fe gymerodd hi ddegawd arall mewn gwirionedd i bobl sylweddoli bod rhywbeth mawr o'i le yn rhengoedd Heddlu De Cymru.

Mae gohebu mewn llys yn wahanol i ohebu ar y Senedd. Ym Mae Caerdydd, mae rhywfaint o ryddid gan newyddiadurwr i ddadansoddi, i esbonio, i hyd yn oed roi barn ar p'un ai ydy Mark Drakeford neu Eluned Morgan wedi cael diwrnod da ai peidio. Dy'ch chi ddim yn gallu neud hynny gyda gohebu llys. Dy'ch chi ddim yn gallu dod mas a dweud, "Ew, gath Mike Mansfield gythrel o ddiwrnod da heddi a Gareth Williams yn amlwg ddim o gwmpas ei bethe." Ry'ch chi'n gorfod bod yn onest a ffeithiol ynghylch achos llys.

Ond rwy'n credu medra i ddweud hyn nawr – agwedd yr heddlu ar y pryd oedd eu bod nhw'n siŵr eu bod nhw wedi dal y bobl iawn, ond eu bod nhw'n methu profi hynny. Felly, fe naethon nhw lunio a ffugio tystiolaeth i gyfiawnhau eu teimladau a'u syniadau nhw. Rwy'n meddwl taw dyna'n union ddigwyddodd hefyd gyda'r Cardiff Three, yn achos llofruddiaeth Lynette White gafodd ei llofruddio yn 1988.

Rwy'n cofio pennaeth CID De Cymru ar y pryd yn dweud, "The answer to this will be found in the docks." Cafodd pump eu harestio yn wreiddiol a thri eu hanfon i'r carchar am oes yn gwbl anghyfiawn. Roedd yr achos yn seiliedig ar dystiolaeth gan lygad-dystion ffug a chyfaddefiadau dan orfodaeth.

Wrth gwrs, doedd yr ateb ddim yn y dociau. Roedd yr ateb yn Llanharan, ym Mro Morgannwg, gyda chwsmer i Lynette White, Jeffrey Gafoor, a gafwyd yn euog o'i llofruddiaeth ddegawd a mwy yn ddiweddarach.

Ond hyd yn oed yn 1983, rwy'n meddwl bod gan gynulleidfa Gymraeg deimlad bod rhywbeth o'i le yn yr Heddlu. Cofiwch chi, 'nôl rhyw flwyddyn neu ddwy yn gynharach, roedd pobl amlwg iawn, pobl barchus yn y Gymru Gymraeg, wedi cael eu harestio fel rhan o Sul y Blodau, Operation Tân. Ac yna cawson nhw eu rhyddhau heb unrhyw fath o gyhuddiad. Felly ymhlith cynulleidfa S4C, basen i'n dweud bod 'na deimlad ar ddechrau'r achos, dal sownd, falle'n bod ni'n mynd drwy'r un peth eto.

Efallai nad o'n nhw'n bobl mor barchus â'r rhai oedd wedi'u harestio ar Sul y Blodau, ond ar y llaw arall, ry'n ni wedi gweld pobl yn cael eu harestio gan Heddlu Dyfed Powys a Heddlu'r Gogledd a nawr yn cael eu harestio gan Heddlu De Cymru. Rhaid i ni ddechre ystyried fan hyn bod plismona gwleidyddol yn digwydd yng Nghymru. Ac wedi'r achos yng Nghaerdydd, cafwyd ymchwiliad Arglwydd Gifford QC i blismona gwleidyddol yng Nghymru, ac yna achos y gweriniaethwyr yng Ngogledd Iwerddon.

Ar ôl i'r achos ddod i ben, roedd hi'n drawiadol nad

oedd unrhyw ymateb gan yr heddlu. Hynny yw, os y'ch chi'n edrych ar y dyddiau ar ôl yr achos does 'na ddim ymddiheuriadau ganddyn nhw o gwbl. Dy'n nhw ddim yn cydnabod eu bai, maen nhw jyst yn dweud mai dyna sy'n digwydd mewn llys weithiau. Ry'ch chi'n gosod eich achos gerbron, ac mae'r rheithgor yn neud eu penderfyniad, a dyna ni.

Oherwydd hynny, fe gafwyd achosion tebyg yn y blynyddoedd dilynol, y Cardiff Three yw'r un mwyaf amlwg, ond roedd achos o'r enw Cardiff Newsagent Three, lle cafodd tri dyn eu canfod yn euog ar gam o lofruddio'r perchennog siop bapurau, Phillip Saunders, yn 1987. Roedd achosion eraill hefyd.

Mae Heddlu'r De wedi ymddiheuro i'r diffynyddion yn achos y Cardiff Three. Maen nhw'n dweud bod dealltwriaeth dda ganddyn nhw am yr holl ddigwyddiadau oedd wedi arwain at gamweinyddu cyfiawnder yn yr achos hwnnw, a bod hynny'n wir am ymchwiliadau dilynol hefyd. Ers hynny, mae'r heddlu'n cydnabod eu bod wedi dod o dan y chwyddwydr. O ganlyniad i'r gwersi gafodd eu dysgu o gamweinyddu cyfiawnder, mae Heddlu'r De yn dweud eu bod nhw wedi trawsffurfio'u dulliau ymchwiliadol ac yn un o'r lluoedd mwyaf blaengar o ran adolygu ymchwiliadau troseddol difrifol. Erbyn hyn, maen nhw'n dweud eu bod nhw'n adnabyddus am eu harferion da a bod cyfres o ddigwyddiadau yn y gorffennol wedi'u gyrru i wella'u safonau ymchwiliadol a chryfhau bwriad y llu i sicrhau cyfiawnder i'r gymuned gyfan.

Ond 'nôl yn yr wythdegau, rwy'n meddwl ei bod hi'n deg i ddweud, mae'n amlwg bod 'na deimlad ynghylch CID Heddlu De Cymru eu bod nhw fel duwiau bach. O'n nhw'n gwybod pwy oedd yn euog, pwy oedd yn ddieuog a doedd dim lot o ots ganddyn nhw i brofi hynny. Fe barodd hynny am flynyddoedd wedi'r achos yma, ac rwy'n meddwl bod hynna'n rhywbeth trawiadol i fi yn bersonol wrth ddilyn achosion eraill. O'n i'n gweld yr un swyddogion dro ar ôl tro yn dweud bod pobl wedi cyffesu iddyn nhw mewn car. Dwi ddim yn dweud bod pob un swyddog yn Heddlu De Cymru nac yn CID De Cymru yn ei neud e, ond roedd 'na rai, ac o'n nhw'n ei neud e mewn nifer o achosion dros gyfnod o flynydde.

Yr un rhai bob tro!

O'n i'n eistedd yna ac yn meddwl, dwi jyst ddim yn credu hyn. Ac rwy'n gwybod i sicrwydd, achos o'n i'n trafod y peth gyda bargyfreithwyr ar y pryd. Ro'n nhw'n gwybod yn iawn pwy oedd y rhai oedd yn gwneud hynny ymhlith Heddlu De Cymru.

Rwy wedi gohebu ar faterion Cymru ers dros hanner can mlynedd. Ond, rwy'n meddwl bod hon yn stori sydd wedi'i anghofio. Mae 'na wersi pwysig ynghylch a ydyn ni'n credu'r heddlu neu beidio, sut ydyn ni'n trin diffynyddion, beth sy'n dderbyniol i bobl ei wneud o ran protestio'n wleidyddol. Mae'n codi pynciau a chwestiynau diddorol ac mae'n beryglus os ydyn ni'n anghofio'r cwestiynau a'r posibiliadau yna.

Mae 'na ddyfyniad on'd oes e, "Journalism is the first draft of history." Ond nid pob stori newyddion sy'n cyrraedd y llyfrau hanes. Mae pethau yn cael eu hanghofio ac maen nhw'n bethau sy'n haeddu cael eu cynnwys yn y llyfrau hanes. Rwy'n meddwl bod yr achos yma'n un ohonyn nhw.

# ANNA-MARIE ROBINSON

'Ysbïwr' o Fôn

"*Padlocked inside a bag.*"

*Man in a Bag*, Audible Original
Medi 21, 2022

Nid fy syniad i oedd y podlediad. Ges i alwad ffôn gan yr uwch-gynhyrchydd o Lundain yn dweud eu bod nhw'n chwilio am rywun yng Nghymru fase'n gallu eu helpu i roi portread o Gareth Williams oedd heb gael ei roi cynt.

Roedd Gareth yn gweithio i'r gwasanaethau cudd, gyda gyrfa ddisglair iawn o'i flaen. Roedd wedi cyrraedd man yn ei yrfa lle roedd o'n gwneud gwaith arbenigol pwysig dros ei wlad pan fu farw'n sydyn dan amgylchiadau anarferol tu hwnt.

Mae'r hyn ddigwyddodd i Gareth yn gwestiwn sydd wedi cael ei ofyn dro ar ôl tro, ac yn dal i gael ei ofyn. Roedd yr holl beth yn ddirgelwch. Dydan ni ddim yn hollol siŵr beth oedd y gwaith roedd o'n ei neud. Rhyw waith technegol, gwaith clustfeinio, gwaith tu hwnt i beth rydan ni'n ei ddallt.

Be rydan ni'n ei wybod ydy ei fod o'n ddyn ifanc, clyfar o Fôn, yn 31 oed, yn iach ac yn fathemategydd disglair ar secondiad yn Llundain gyda MI6. Roedd fel petai'n byw bywyd grêt. Ond aeth rhywbeth mawr o'i le pan ddarganfuwyd ei gorff yn annisgwyl.

Roedd o wedi'i gloi mewn bag.

Pam? Sut? Doedd neb yn gwybod.

Roedd o'n sioc enfawr i'w deulu a'i ffrindiau, a'i gyflogwyr, hyd y gwyddon ni.

Y dirgelwch yna oedd wedi ysgogi'r syniad am y podlediad *Man in a Bag*.

Pan dorrodd y stori am ei farwolaeth ym mis Awst 2010, ro'n i'n gweithio yn y BBC fel newyddiadurwr yn y gogledd ym Mangor. Mae'n siŵr bod y stori wedi torri yn ystod y dydd pan o'n i yn fy ngwaith ond faswn i'n dweud bod yr ymateb i amgylchiadau marwolaeth Gareth wedi bod yn reddfol, nid fel newyddiadurwr, ond fel person.

Roedd gen i ddiddordeb ar sawl lefel; bod o'n Gymro Cymraeg, o ardal oedd ddim yn bell o lle ro'n i'n byw, ac yn neud y ffasiwn waith i'r gwasanaethau cudd. Ond ar lefel mwy erchyll na hynny, ei fod o wedi cael ei ganfod fel y cafodd o, a bod dim eglurhad am hynny.

Nid fi oedd yr unig un chwilfrydig. Ro'n i'n gwybod bod 'na ddiddordeb mawr yn y stori ar draws Prydain ac ar draws y byd.

A phan ddaeth yr alwad ffôn gan yr uwch-gynhyrchydd o Lundain, ro'n i wedi gadael y BBC ac yn gweithio'n llawrydd fel cynhyrchydd dogfennau ffeithiol, a rhywfaint o waith newyddiadurol hefyd. Roedd platform Audible wedi comisiynu podlediad i geisio datrys y dirgelwch '*Man in a Bag*'.

Roedd hi'n gyfnod pan nad oedd pobl yn mynd allan i gyfarfod ei gilydd. Roedd y tîm oedd eisoes yn gweithio ar y podlediad yn gweithio o adre, yn ardal de-ddwyrain Lloegr. Felly roedden nhw'n teimlo bod angen rhywun mwy lleol, oedd yn siarad Cymraeg, fasai'n gallu mynd yn agosach at fywyd Gareth. Roedden nhw isio siarad â phobl oedd wedi dod ar ei draws o, gweithio efo fo, oedd wedi mynd i'r ysgol efo fo. Dyna ro'n nhw isio. Felly dyna oedd y cyfle ges i.

Roedd gweithio ar y podlediad yn apelio ata i yn syth gan 'mod i wedi dechrau gwrando ar bodlediadau yn ystod y cyfnod clo. Roedd nifer o gwmpas bryd hynny, yn enwedig rhaglenni ymchwiliadol, newyddiadurol, fel *Serial*, oedd wedi dod i fy sylw.

Fel newyddiadurwr roedd rhaid i fi benderfynu gweithio ar hwn neu ddim. Ro'n i wedi gweithio ar lot o straeon anodd fel rhan o dîm ymchwiliadol BBC Cymru. Ro'n i wedi siarad â llawer o bobl oedd wedi bod trwy drawma, a doedden nhw ddim yn rhaglenni hawdd i weithio arnyn nhw. Ro'n i wedi hanner penderfynu i beidio neud y math yma o beth mwyach, ac wedi bwriadu edrych ar raglenni haws.

Ond dyma hi, yr alwad ffôn yn dod. 'Nes i orfod meddwl am y peth oherwydd yr hyn ddigwyddodd ar ôl i gorff Gareth gael ei ddarganfod. Roedd y papurau newydd tabloid wedi cyhoeddi straeon anghynnes, annifyr, yn edrych ar ei fywyd personol. Roedden nhw'n eitha *sensationalised*. Doedd hynny ddim yn rhywbeth ro'n i, fel newyddiadurwr sy'n edrych ar ffeithiau stori, eisiau ei weld. Roedd hynny ar fy meddwl i.

Ond, o ystyried, os *nad* ydw i'n cymryd y gwaith yma, mae'n bosib neith rhywun arall. Os *ydw* i'n cymryd y gwaith, mae gen i reolaeth dros be sy'n cael ei gynnig i'r tîm – pwy dwi'n siarad efo nhw, yr wybodaeth dwi'n gallu ei chael a'i rhannu...

Y cais oedd rhoi portread o Gareth y dyn, y person, ble roedd o wedi cael ei fagu, beth oedd ei wreiddiau, sut oedd o wedi cyrraedd lle roedd o wedi cyrraedd? 'Nes i ddeud wrthyn nhw, wel, os mai dyna'r gwir fwriad, 'na i drio'ch helpu chi, ond dwi ddim isio mynd lawr y lôn o ailadrodd be sydd wedi bod allan yna'n barod ynglŷn â'i fywyd personol, nad ydyn ni'n gwybod dim byd amdano fo.

Cymreictod Gareth oedd un o'r elfennau oedd ar goll o'r portread roedd y cyhoedd wedi ei ganfod amdano, y bobl y tu hwnt i'w filltir sgwâr o. Roedd y ffordd gafodd o ei fagu, ei addysg, yr athrawon oedd wedi'i feithrin, roedd hynny i gyd yn rhan o Gareth, on'd oedd? Roedd gynno fo'r dalent anhygoel 'ma. Roedd ei Gymreictod o, yr ysgolion lleol, a'r gymuned roedd o wedi byw ynddi, wedi creu'r dyn oedd wedi mynd allan i'r byd a gwneud gwaith ardderchog.

Roedd ei iaith o hefyd yn bwysig.

Yn y podlediad, mae'r cyflwynydd, Jonathan Maitland, yn cyfeirio at y Gymraeg fel goriad i ddysgu mwy am Gareth. Roedd o'n ddyn dwyieithog oedd wedi'i ddysgu drwy gyfrwng y Gymraeg. Mae un o'i gyn-athrawon o'n disgrifio'r ffordd roedd o'n gallu meddwl mewn dwy iaith – ac yn egluro'r ddwy ffordd rydan ni'n cyfri yn y Gymraeg a sut roedd hynny wedi'i helpu i ymgymryd â ffigyrau mathemategol. Mae'r podlediad yn dangos bod hynny wedi rhoi elfen ychwanegol iddo fo allu codio gyda chyfrifiaduron yn ifanc iawn.

Nid y fi oedd wedi gwthio i gynnwys cymaint o Gymraeg yn y podlediad, a dweud y gwir. Y cynhyrchwyr oedd wedi dweud bod angen hynny, er mwyn i'r gwrandawyr gael blas o'r iaith. Roedd hyn sawl blwyddyn yn ôl ac yn rhywbeth eitha newydd ar y pryd. Rydan ni wedi clywed ychydig bach mwy o Gymraeg wedyn yn *The Crossbow Killer* – podlediad arall am lofruddiaeth ar Ynys Môn. Mae pobl yn gwybod mwy am hwnnw, ond oedd, roedd cael yr iaith i fewn yn rhoi mwy o wybodaeth am y gŵr ifanc dwyieithog.

Roedd y Gymraeg yn bwysig hefyd i fynd yn agosach at bobl oedd yn nabod Gareth. Oherwydd Covid-19, do'n i ddim yn gallu mynd atyn nhw fel faswn i'n neud fel arfer. Roedd rhaid i mi eu holi nhw dros y ffôn, oedd ddim yn hawdd. Pan dach chi'n gofyn i bobl siarad am rywbeth anodd, dach chi isio neud hynny wyneb yn wyneb yn hytrach na thros y ffôn. Ond roedd yr iaith yn help, a Chymreictod Gareth yn rhan bwysig iawn o'r stori.

Dwi'n meddwl i'r podlediad lwyddo i greu darlun llawn o fywyd Gareth fel disgybl. Roedd o'n fachgen ifanc oedd yn awyddus iawn i ddysgu, ac yn aml yn gallu dysgu pethau i'w athrawon hefyd. Roedd o'n synnu pobl oherwydd ei allu. Dwi mor falch 'mod i wedi medru siarad â Geraint Thomas, ei gyn-athro. Roedd y portread 'ma eto o ddyn ifanc, clyfar iawn yn dod drosodd drwy ei eiriau fo.

Roedd cymaint o bethau do'n i heb fedru eu darlledu ar yr awyr. Siaradais â degau o bobl oedd yn nabod Gareth pan oedd o'n hŷn, oedd yn barod iawn i siarad â fi *off the record*, a rhannu dim byd ond geiriau da amdano fo. Felly roedd 'na rai pethau ro'n i'n methu'u rhoi ar y podlediad, er mai dim ond pethau cynnes, caredig oedd gan bobl i'w ddweud. Doedden nhw ddim isio siarad amdano fo yn gyhoeddus. Roedd hynny bron bob tro oherwydd doedden nhw ddim isio brifo ei deulu fo ddim mwy nag oedden nhw wedi cael eu brifo'n barod, sy'n hollol ddealladwy, yn tydy?

Do'n i ddim yn chwilio am unrhyw beth negyddol, dim

ond isio rhoi darlun gwell o'r dyn roedd y peth ofnadwy 'ma wedi digwydd iddo fo.

Tydy teulu Gareth erioed wedi siarad efo newyddiadurwyr. Maen nhw wedi cadw unrhyw sylwadau yn breifat. Roedd 'na air trwy eu cyfreithwyr, a thrwy'r datganiad hwnnw'n unig rydan ni wedi clywed llais rhieni Gareth. Dydyn nhw erioed wedi siarad yn gyhoeddus, ac roedd hi'n bwysig i ni eu bod nhw'n gwybod bod y podlediad 'ma'n digwydd.

Roedd y tîm cynhyrchu wedi cysylltu efo nhw a'u gwahodd i gysylltu efo ni os oedd ganddyn nhw unrhyw gwestiwn neu ymholiad. Cyn i fi wneud unrhyw alwadau, roeddwn i isio gwybod hynny. Oherwydd y peth diwetha dach chi isio yw bod rhywun yn eu ffonio nhw ac yn dweud. Ond na, doedden nhw ddim isio siarad efo ni, dyna'r neges gafwyd, sy'n hollol ddealladwy. Dydy hi ddim yn hawdd i barchu dymuniadau teulu a dweud y stori'n llawn. Weithiau mae'n hollol amlwg bod 'na gyfiawnhad yn newyddiadurol, bod 'na resymau er budd y cyhoedd – *public interest*.

Yn achos Gareth mi roedd o mewn swydd gyhoeddus i raddau, roedd o'n gwneud gwaith dros ei wlad. Roedd ei farwolaeth o'n ddirgelwch. Does dal ddim eglurhad, felly mae'r pethau yna'n naturiol yn codi cwestiynau sy'n haeddu cael eu holi.

Dach chi ddim bob tro'n gallu cael ateb, ond mae gofyn

cwestiynau a cheisio cael mor agos at y gwir ag sy'n bosib yn rhan o'r gwaith. Roedd sawl peth am farwolaeth Gareth yn rhoi rheswm da dros edrych ar beth ddigwyddodd iddo fo – ei swydd, y ffordd erchyll bu farw a'r diffyg eglurhad, sut oedd y stori wedi troi mor gyhoeddus drwy'r cwest, ymchwiliad yr heddlu, y sylw yn y papurau newydd, y wasg, a'r teledu dros y blynyddoedd.

Doedd neb yn flin o gwbl pan o'n i'n ffonio i holi am Gareth. Baswn i'n dweud 'mod i wedi siarad efo 50 o bobl ac roedd nifer ohonyn nhw'n cytuno bod angen rhoi mwy o wybodaeth allan yna am bwy oedd Gareth ac yn gefnogol o'r ffordd ro'n i'n mynd o'i chwmpas hi. Mae'n rhaid egluro pam dach chi'n ei neud o, neu mae pobl yn mynd i'ch trin chi fel newyddiadurwr y gwter – *gutter journalism*. Roedd pawb isio helpu ac yn hapus i rannu sut oedden nhw wedi dod ar ei draws o a beth oedd wedi digwydd. Daeth hi'n amlwg i fi fod gan Gareth lot o brofiadau.

Roedd o wedi mynd i'r brifysgol ym Mangor yn bymtheg oed. Nid llawer o bobl sy'n neud hynny. Roedd o'n feiciwr brwd ac yn aelod o fwy nag un clwb beicio – un yng Nghaergybi ac un yn Cheltenham lle roedd o'n gweithio pan oedd o'n GCHQ, asiantaeth cudd-wybodaeth a diogelwch y Llywodraeth. Roedd o hefyd yn caru ffasiwn ac wedi dilyn cwrs mewn ffasiwn yn ei amser ei hun gyda'r nos. Roedd ganddo nifer o ddiddordebau. Ond roedd cael hynny allan ar y podlediad yn anoddach nag ro'n i'n ei ddisgwyl. Ro'n ni'n recordio ddeng mlynedd ar ôl iddo farw, felly ro'n i'n meddwl byddai pobl yn fwy parod i rannu eu hatgofion ohono fo. Ond na, doedden nhw ddim. Mae hynny'n egluro sut mae pobl yn dal i deimlo am beth na'th ddigwydd. Roedd rhywbeth ofnadwy wedi digwydd i un ohonyn *nhw*.

Ar ôl ail bennod y podlediad sy'n edrych ar wreiddiau Gareth, mae trywydd y stori'n symud ymlaen i archwilio cysylltiad Gareth â Rwsia, ei rywioldeb, a'r honiad bod ganddo ddiddordeb anarferol mewn llefydd cyfyng. Mae'n mynd â'r gwrandawyr ar hyd sawl trywydd gwahanol gan edrych ar y ffeithiau a cheisio darganfod y gwir.

Roedd yr ymateb i'r podlediad yn gadarnhaol iawn, yn enwedig gan bobl oedd yn gallu edrych ar y stori yn wrthrychol – pobl oedd ddim yn rhy agos ato. Wedi dweud hynny, mae'r Cymry Cymraeg hefyd wedi dweud eu bod nhw wedi ei fwynhau, yn enwedig yr ail bennod sy'n trafod pwy oedd Gareth. Dwi'n meddwl bod rhai'n siomedig nad oedd atebion ar y diwedd, dim eglurhad am beth oedd wir wedi digwydd iddo.

Mae'r prif ohebwyr yn dod i benderfyniad am yr hyn maen nhw'n meddwl ddigwyddodd (a bydd angen i chi wrando ar y podlediad i glywed eu barn!). Ond yr hyn maen nhw'n ei feddwl ar sail y dystiolaeth rydan ni wedi'i chasglu yn y podlediad ydy hynny, a dwi ddim o reidrwydd yn cytuno â'r hyn naethon nhw benderfynu.

Ond, yn bendant, mae'n rhwystredig i bobl nad oes ateb clir.

Pan dwi'n meddwl rŵan am Gareth, dwi'n ei ddychmygu fel hogyn o Sir Fôn oedd yn glyfar ofnadwy. Roedd gynno fo chwerthiniad arbennig mae'n debyg. Fel'na dwi'n ei weld – yn gynnes ofnadwy, â wyneb annwyl. Dwi ddim yn meddwl amdano fel rhywun fu farw mewn bag, mewn bath, mewn fflat yn Llundain.

Dwi'n meddwl amdano fo yn wahanol rŵan. Gareth, i fi, ydy'r dyn sydd wedi cael ei bortreadu gan ei gynathrawon, nid fel ysbïwr neu ddyn oedd yn gweithio i'r gwasanaethau cudd, ond fel dyn o Ynys Môn.

Mae 'na rywbeth ofnadwy wedi digwydd iddo a'r gwir ydy, dydan ni ddim yn gwybod pam.

# RHYS WILLIAMS

## Un o nosweithiau gwaethaf fy mywyd

*"Does dim heddwch yn mynd i ddod o rywbeth fel hyn."*

'Gaza' *Y Byd ar Bedwar*, ITV Cymru
Chwefror 24, 2009

O'n i wedi bod isio mynd i Gaza ers blynyddoedd. Ar y pryd, o'n i'n *freelance*-io ac wedi bod yn neud lot o waith ar ryfeloedd, gweithio i *aid agencies*, y math yna o beth.

Ar y pryd, roedd Operation Cast Lead yn digwydd. Ers chydig o wythnosau roedd yr Israeliaid wedi bod i mewn yn Gaza yn dinistrio'r lle ac yn lladd pobl. O'n i wedi gweld hyn ar y newyddion bob nos ac o'n i'n trio 'ngorau i fynd yna.

Doedd o ddim yn anarferol i fi geisio mynd i Gaza. O'n i wedi trio mynd yn y blynyddoedd cynt. Roedd 'na ddyn camera o'r enw James Miller, o Hwlffordd yn wreiddiol, Cymro, ac mi gafodd o ei ladd yn Gaza yn 2003. Adeg hynny o'n i wedi penderfynu fasen i'n hoffi mynd yna a neud stori.

O'n i wedi bod yn trio perswadio rhaglenni newyddion, ond doedd neb efo diddordeb o gwbl. O'n i'n rhyfeddu at hynny. Yn y diwedd dyma *Y Byd ar Bedwar*, HTV, yn penderfynu y bysen nhw'n gallu'n gyrru ni i fewn yna. O'n i wedi gweithio tipyn efo Eifion Glyn, gohebydd y rhaglen, a'r ddau ohonon ni'n tynnu mlaen yn dda. O'n i wedi arfer gweithio ar ben fy hun hefyd, ond roedd 'na un neu ddau neu dri newyddiadurwr o'n i'n eu trystio ac yn hoffi mynd efo nhw, rhai oedd yn gwybod beth oedd y job ac yn gwybod be o'n ni ei angen allan o'r gwaith. O'n i'n tueddu i sticio atyn nhw, felly jyst Eifion a fi fyddai'n mynd i fewn i Gaza a sortio'n hunain allan fel o'n ni wedi arfer neud.

O'n i wedi neud tipyn o ymchwil ac roedd 'na wefan oedd yn hysbysebu gweithwyr llawrydd ac mi ffeindies i'r dyn 'ma o'r enw Amjed Tantesh. Roedd pawb yn ei ganmol o, gan ddweud ei fod o'n *fixer* da yn Gaza. Mi gysylltes i efo fo a dyma ni'n trefnu ein bod ni'n ei ddefnyddio am y cyfnod o'n ni yno, a naethon ni drefnu faint o bres oedd o isio a phopeth cyn mynd.

Dwi'n meddwl ein bod ni wedi mynd i mewn i Gaza tua mis Chwefror 2009, yn eitha sydyn ar ôl y gyflafan. Roedd Jill Evans, Aelod Plaid Cymru yn y Senedd Ewropeaidd, yno fel rhan o ddirprwyaeth y Cenhedloedd Unedig, ac roedd 'na gyfweliadau eraill efo pobl Israelaidd naethon ni eu trefnu hefyd.

Roedd Operation Cast Lead, neu 'Lladdfa Gaza' fel mae hefyd yn cael ei nabod, yn dair wythnos o wrthdaro ar ddiwedd 2008. Dwi'n meddwl bod 'na etholiad yn digwydd yn sydyn wedyn, felly roedd hynny'n effeithio ar y sefyllfa. Roedd Hamas wedi bod yn taflu rocedi at Israel a'r sefyllfa wedi dirywio yn y misoedd cyn hynny. Erbyn Rhagfyr penderfynodd Israel daro'n ôl a dyma fyddin yr IDF yn dechrau dinistrio Gaza. Mi naethon nhw job reit dda ar y pryd.

Daeth y brwydro i ben pan ddaeth cadoediad i rym ar y 18fed o Ionawr, 2009. Dyna'r gyflafan fwyaf ers y Six Day War yn 1967 a ddaru nhw ladd mil a hanner o Balestiniaid. Roedd 13 o Israeliaid wedi'u lladd hefyd. Roedd y lle wedi'i ddinistrio erbyn i ni gyrraedd, gyda dros 100,000 yn ddigartref.

Yn debyg i'r sefyllfa rŵan, doedd dim hawl gan newyddiadurwyr tramor fynd i mewn i Gaza yn ystod y gwrthdaro. Roedd hi'n stori enfawr, ac wedi bod ar y newyddion bob nos am bron i fis drwy gydol y Dolig a mis Ionawr. Roedd hi dal yn ffresh, felly chwarae teg i *Y Byd ar Bedwar*, naethon nhw gomisiynu rhaglen, ac i ffwrdd â ni.

Ein bwriad oedd gweld beth oedd wedi digwydd a gwneud rhaglen gynhwysfawr yn dangos y ddwy ochr. Ro'n ni eisiau siarad efo Cymry Cymraeg oedd yn byw allan yna a chael lleisiau Palesteinaidd o fewn Gaza hefyd, fasen ni'n gallu trosi i'r Gymraeg. Roedd Eifion yn neud llwyth o ddarnau i gamera ac yn sôn am ei deimladau am y sefyllfa a be oedd o'n ei weld.

Ar ôl cyrraedd Israel, roedd tipyn o waith papur a chael *press pass*, a gwaith papur gan yr IDF. Na'th hynny gymryd rhyw ddiwrnod neu ddau. Ar ôl trefnu hynny roedd rhaid i ni ffeindio dreifar oedd yn fodlon mynd â ni lawr o Israel i Erez, yr unig le roeddech chi'n gallu mynd i fewn i Gaza ar y pryd.

Do'n i ddim callach sut oedd hynny'n mynd i ddigwydd. Os oedd rhywun yn mynd â chi i Erez roedden nhw'n dympio chi efo'r cit i gyd, y bagiau a phopeth, ac roeddech chi'n cerdded i fewn, dangos eich pasys, a darnau o bapur a llythyrau di-rif. Wedyn byddech chi'n cael cerdded trwodd, i mewn i Gaza.

Doedd neb yn helpu o gwbl. Roeddech chi'n gorfod mynd â phob peth efo chi, cerdded drwy'r Erez Crossing ac i mewn i Gaza. Naethon ni fachu Amjed Tantesh yn fan'na, ac i ffwrdd â ni, a dreifio i ganol y gyflafan.

Gethon ni ddim trafferth o gwbl i ddechrau. Roedd pawb yn bositif iawn ein bod ni yna. Doedd dim llawer o griwiau gorllewinol wedi bod i'r sefyllfa, felly o'n nhw'n falch iawn o'n gweld ni. Roedd 'na damed bach o *novelty* ein bod ni'n dod o Gymru a'n bod ni eisiau dweud y stori yn Gymraeg hefyd.

Roedd y dinistr o'n blaenau ni yn anhygoel. Ond dyna pam ro'n ni wedi mynd yna yn y lle cyntaf. Mae'n anodd iawn disgrifio'r olygfa. Roedd pob man wedi'i ddinistrio. Roedd 'na adeiladau mawr amlwg wedi cael eu bomio ac roedd hi'n anodd ffeindio unrhyw adeilad oedd ddim wedi'i effeithio gan ryfel, a milltiroedd ar filltiroedd o goncrid wedi'i ddinistrio. Ac ynghanol y cyfan roedd pobl.

Pan oeddech chi'n meddwl bod dim byd ar ôl yna, a phopeth wedi'i ddinistrio, base 'na deulu yn dod allan o'r concrid, a phlant yn chwarae o'ch blaen chi. Roedd o'n beth anhygoel i'w weld. Mae'n anodd deall maint y dioddefaint i'r bobl oedd yno, yn rhannol oherwydd bod yr iaith yn ddieithr. Dach chi ddim yn dallt yr emosiwn wrth iddo gael ei boeri allan atoch chi. Ac wrth iddo gael ei gyfieithu wedyn, mae 'na bellter wedi digwydd yn y sgwrs.

Dwi'n cofio bod yn Darfur flynyddoedd wedyn a chael fy hebrwng i mewn i stafell lle roedd 'na fam ac wyth o blant. Do'n i'm yn dallt gair roedden nhw'n ei ddweud, mwy nag oedden nhw'n fy nallt i. Roedd cyfieithydd genna i, a ddaru'r fam ddeud ei stori. Roedd 'na lot o grio a phawb wedi ypsetio yn ofnadwy ond o'n i'n benderfynol o'u ffilmio a dyna fo.

Des i allan o'r stafell wedyn a gofyn i'r cyfieithydd beth oedd stori'r fam. A dyma fo'n dweud bod gynni hi wyth o blant, chwech o ferched, a'i bod hi a phedair o'i merched wedi cael eu treisio. Roedden nhw i gyd yn yr un stafell gyda'i gilydd tra oedd hynny'n digwydd. Tasen i wedi clywed hynny yn fy iaith fy hun, yn syth, basen i wedi torri 'nghalon. Ond o'n i jyst yn cael y siots o'n i isio a dyna fo, ar y pryd. Felly mae'r pellter yna'n creu gwahaniaeth i sut dach chi'n gweithio.

Boi camera ydw i, ond ma genna i farn 'run fath â phawb arall. Ond, yn newyddiadurol, dwi'n meddwl ei bod hi'n bwysig dangos dwy ochr o bob stori. Dyna beth sy'n gwneud newyddiaduraeth teg yn dda yn fy marn i. Mae'n rhaid cael y ddwy ochr i'r gynulleidfa benderfynu pa ffordd maen nhw isio edrych ar y stori a chydymdeimlo efo pwy bynnag maen nhw isio.

Yn Gaza, aeth pethau o'i le yn reit sydyn, a dweud y gwir. Ar ôl i ni gyrraedd, y peth cynta naethon ni oedd dympio ein bagiau yn y tŷ lle ro'n ni'n aros, ac wedyn mynd yn syth i'r beddau lle roedd y fam 'ma'n galaru. Roedd hynny'n ofnadwy. Wedyn, naethon ni benderfynu y noson honno basen ni'n mynd i Ysbyty Al-Shifa, lle fase 'na bobl wedi'u hanafu yn ystod y gyflafan. Roedden ni'n disgwyl cael cyfweliadau yn yr ysbyty a chael lluniau reit dda. Roedd hi'n nos erbyn hynny.

Aethon ni yn y car, y tri ohonon ni – Eifion, Amjed a fi – a dod o hyd i ddyn oedd yn mynd i'n helpu ni i fynd o un ward i'r llall, a chael caniatâd a phopeth. Doedd 'na ddim trafferth o gwbl, a dyna naethon ni.

Naethon ni ddechrau mynd o gwmpas yr ysbyty efo'n gilydd, a ffilmio pobl oedd wedi cael eu hanafu, pobl oedd mewn stad ofnadwy. Pan dwi'n dweud ysbyty, ysbyty oedd o, ond roedd o hefyd wedi cael ei fomio. Felly roedd dinistr ym mhobman.

Beth bynnag, aethon ni rownd, a chael be o'n ni isio. Ond ar ôl tipyn, dyma gang o ddynion yn ein hamgylchynu ni ar y ward. Roedd gynnon nhw ynnau, ond roedden ni mewn man lle roedd cyflafan fawr wedi digwydd. O'n i wedi bod o gwmpas dynion efo gynnau ers blynyddoedd maith a do'n i'm yn gweld bod unrhyw beth mawr o'i le y tro yma.

Do'n i'm yn dallt gair, wrth reswm, ond o'n i'n gweld bod y sgwrs yn mynd *downhill* braidd. Roedd tipyn bach o gecru. Roedd Amjed yn siarad efo'r dynion a gethon ni'n hebrwng o'r ward. Mae'n siŵr bod rhyw wyth neu ddeg o ddynion ac aethon nhw â ni i ryw stafell arall. Erbyn rŵan, roedd y sgwrsio wedi troi'n ffraeo, ac roedd hi'n dipyn o ffrwgwd, a deud y gwir.

Do'n i'm yn dallt beth oedd yn digwydd. Gofynnon nhw am weld ein *press passes* ni, unrhyw lythyrau oedd gynnon ni, pasbort, felly naethon ni ddangos y rheiny i gyd iddyn nhw. Erbyn hyn doedd dim ffilmio. Roedd y camera wedi'i roi ar y llawr.

Wedyn, dyma ryw bedwar dyn yn mynd ag Eifion i rywle arall, dwi'm yn gwbod lle, a 'nghadw fi mewn stafell efo Amjed. Roedd y cecru'n dal yn mynd mlaen a fel'ny oedd hi am oriau. O'n i yn y stafell am ryw dair neu bedair awr i gyd. I gychwyn, do'n i'm yn gwbod beth oedd yn digwydd. O'n i'n holi Amjed ac roedd o'n trio ateb y dynion a thrio'n ateb i.

Ond be oedd wedi digwydd oedd bod 'na bobl ar y ward wedi ein cyhuddo ni o fod yn Iddewon. Wedi'n clywed ni'n siarad Cymraeg efo'n gilydd, Eifion a fi, ac wedi cam ddallt yr iaith i fod yn Hebraeg. Am wn i, dyna'r cyhuddiad gwaethaf allai fod ym mis Chwefror ar ôl y gyflafan.

Naethon ni drio'n gorau i brofi iddyn nhw pwy oeddan ni – dangos y pasborts. Wales. Pob peth yn dod allan. Doedd dim byd yn tycio. O'n nhw'n fygythiol iawn tuag at Amjed ond do'n i'm callach sut oedden nhw'n trin Eifion. Roedd Amjed yn troi a gofyn yr un cwestiynau i fi dro ar ôl tro.

"They don't believe where you're from. Show where you're from!"

Roedd hi'n *shambles*.

Ar ôl tipyn roedd 'na rhyw fynd a dod yn y stafell. Do'n i'm yn cael symud o 'na. Gan ein bod ni'n neud rhaglen i ITV Wales, roedd ITN – sy'n rhan o ITV – wedi rhoi rhif ffôn i ni. "If it all goes horribly wrong, phone this number." O'n i wedi gweithio tipyn efo ITN dros y blynyddoedd felly o'n i'n trystio bod y rhif yn mynd i fod yn ocê. Ond do'n i'm yn gallu eistedd yna yn ffidlan efo ffôn. Rhywsut, mi ges i'r ffôn allan o 'mhoced ac anfon tecst allan i'r rhif yn deud, "Help. In the hospital. Arrested."

O'n i methu deud dim mwy.

Sent.

A dyna fo.

Ro'n ni'n eistedd yno, a'r ffraeo'n dal i fynd ymlaen. Pan mae ffrae fel'na doedd dim tycio ar y sgwrs – oedd o ar Top G. Roedd pawb yn rili fygythiol am oriau, sy'n flinedig ac yn frawychus. Do'n i'm yn gwybod beth oedd yn digwydd. Doedd o'm yn hwyl o gwbl.

Roedd lot o ynnau o gwmpas. Lot o ddynion oedd yn edrych fel tasen nhw'n gallu defnyddio gynnau. Do'n i'm rili'n nabod Amjed. O'n i jyst wedi cael ei rif o, a fo oedd fod i'n helpu ni. Do'n i'm wedi bod efo fo am fwy na chwe neu saith awr i gyd, felly do'n i'm callach os oedd o'n *legit* neu beidio. Do'n i'm yn gwybod ei *back story* fo. Oedd o'n *dodgy*?

Doedd dim byd yn dod yn ôl ar y ffôn. O'n i'n rhyw hanner cuddio a sbio ar fy ffôn bob hyn a hyn.

Dim byd.

Ro'n ni'n cael ein cadw mewn stafell oedd fel swyddfa hollol blaen, gwyn. Doedd dim byd i'w weld. *Literally* pedair wal efo gwely yn y gornel â llwyth o AK47s arno fo a 'nghamera i yn ei ganol o. Roedd Amjed wrth fy ochr, yn amlwg yn crefu. Dwi wedi dallt ers hynny ei fod o'n crefu am ein bywydau ni. Roedd 'na bedwar neu bump dyn reit arw yn deud eu deud wrtho fo, yn ei bwsho fo. Naethon nhw ddim cyffwrdd yndda fi, ond, dyna fo. Aeth y peth ymlaen.

Eniwe, ymhen tipyn, dyma rhyw dot dot yn dod a neges yn dweud, "We're on it." Do'n i'm yn gwybod beth oedd hynny'n ei olygu. Dyna ni. Ffôn yn ôl yn fy mhoced. Aeth o mlaen am oriau. Oedd o'n teimlo fel oes.

Ar ôl hir a hwyr, dyma pawb yn tanio sigarét ac yn ymlacio tipyn. Ddaru pethau jyst newid.

Yna aethon ni allan i'r maes parcio a phwy oedd yn dod tuag ata i ond Eifion, efo tri neu bedwar o ddynion o'i gwmpas o. Ro'n nhw'n gwenu ac yn cael laff. Dwi erioed wedi bod mor falch o weld newyddiadurwr yn fy mywyd. Roedd ysgwyd llaw mawr, pawb yn ysgwyd llaw efo ni, ac ymddiheuriadau eu bod nhw wedi neud camgymeriad, a'u bod nhw'n coelio pwy o'n ni rŵan. Ro'n nhw'n deud fasen ni ddim yn cael unrhyw fath o drafferth tra oeddan ni'n Gaza – rhoi eu gair nhw rŵan. A diolch yn fawr i ni i gyd am ddŵad. A dyna ni.

Aethon ni'n ôl i'n stafell a dyna'r adrenalin yna'n fwy na digon am un diwrnod.

Fisoedd lawer cyn i ni gyrraedd, blwyddyn o bosib, roedd 'na newyddiadurwr gyda'r BBC o'r enw Alan Johnston wedi cael ei herwgipio a'i gadw yn Gaza am bymtheg wythnos. Pedwar mis i gyd.

Doedd neb yn gwybod lle roedd o.

Roedd y dynion wedi mynd ag Eifion o dan rhyw adeilad yn rhywle, wedi'i fygwth a'i holi o lle oedd o'n dŵad a ddim yn coelio pwy oedd o na lle oedd Cymru.

Roedd o'n ofnadwy. Ro'n nhw wedi dweud wrtho fo, "Hon ydy'r stafell lle ddaethon ni ag Alan Johnson."

Wel, byse hynna wedi bod yn ddigon amdana i, a deud y gwir.

Dwi'n cymryd mai Hamas oedd y dynion, er dwi ddim rili'n gwybod. Ond, ar y pryd, Hamas oedd yn rhedeg Gaza ac o'n nhw'n eithafol iawn. O be weles i, roedd y dynion yma'n eithafol iawn hefyd ac ro'n nhw'n cael mynd i rywle o'n nhw isio yn yr ysbyty. Nhw oedd yn rhedeg y lle, felly dwi'n cymryd mai dyna pwy oedden nhw.

Dwi'n *convinced* mai'r unig beth oedd wedi digwydd oedd bod rhywun yn rhywle wedi deud ein bod ni'n siarad Hebraeg. Fel dwi'n deud, dyna oedd y cyhuddiad gwaethaf allai unrhyw un ei neud yn erbyn rhywun yn Gaza ar y pryd. A dwi dal ddim yn gwybod beth oedd wedi achosi'r trobwynt i'n rhyddhau ni. Dwi'n cymryd eu bod nhw wedi penderfynu efo Eifion, "Dyna fo, mae o'n deud y gwir."

Roedd pawb yn chwerthin amdano wedyn wrth gwrs, a'r adrenalin yn fflio i bob cyfeiriad.

Y peth ydy, *day one* oedd hwnna. Roedd gynnon ni ddeg diwrnod ar ôl, ac roedd rhaglen i'w neud. Naethon ni jyst mynd amdani a thrwy lwc gaethon ni ddim trafferth o gwbl wedyn yn Gaza. O'n ni'n cael ein croesawu ym mhobman. Unrhyw fath o *checkpoint*, o'n ni'n cael mynd i rywle o'n ni isio.

Naethon ni ddim sôn am beth ddigwyddodd o gwbl i

dîm *Y Byd ar Bedwar*, achos doedd 'na'm llunie, ti'n gweld. Dyna'r broblem efo teledu. Ddaru nhw stopio fi rhag ffilmio cyn i fi gyrraedd y stafell wen 'na.

Base fe'n amhosib bron i neud *sequence*.

Roedd Amjed yn falch iawn bod popeth wedi troi allan yn dda, a dwi dal mewn cysylltiad efo fo hyd heddiw. 'Nes i ei ddefnyddio fo flynyddoedd wedyn pan aethon ni'n ôl i ffilmio eto. O'n i wastad yn diolch iddo fo am achub fy mywyd i achos roedd o'n deud bod pethe'n reit giami pan aethon ni mewn i'r stafell.

Dwi'n meddwl na'th o achub ein bywydau ni. Yn sicr, fy mywyd i. Dwi'm yn gwbod be ddywedodd Eifion wrth ei fêts o dan y concrid, ond trwy lwc, mi ddaethon ni o 'na. Aethon ni i ambell le digon difyr wedyn hefyd, a jyst cario mlaen i weithio.

★

Mae 'na gyrsiau rŵan mae criwiau teledu yn eu neud o'r enw Hostile Environment Courses. Pan gychwynnais i, yn ffilmio yng Ngogledd Iwerddon, doedd dim cyrsiau o'r fath yn bodoli. Wedyn ddaru'r rhyfel yn Bosnia gychwyn. O'n i'n crwydro o gwmpas Bosnia yn ffilmio mewn Lada ar ben fy hun a phob math o bethau'n digwydd.

Doedd 'na ddim rheolau *health and safety* bryd hynny. O'ch chi'n mynd i lle o'ch chi isio, cael y lluniau o'ch chi isio a thrwy lwc o'ch chi'n dod adre. Dyna fo! Ond cafodd gymaint o newyddiadurwyr eu lladd yn Bosnia, felly dyma'r cwmnïau teledu yn dechrau cynnig cyrsiau Hostile Environment. Wedi hynny, cyn i chi fynd i ffwrdd i ffilmio efo unrhyw gwmni mawr fel ITV, BBC, a'r rheiny i gyd, roedd rhaid i chi brofi eich bod wedi neud y cwrs 'ma.

O'n i'n llawrydd, felly mi 'nes i dalu am y cwrs fy hun. Ac ar ôl y busnes yn Gaza, y flwyddyn wedyn o'n i'n gorfod neud cwrs *top-up*, fi a llond lle o newyddiadurwyr, yn Henffordd neu rywle. Dyma nhw'n gofyn, "Anyone here been kidnapped or held against their will?"

O'n i efo lot o newyddiadurwyr profiadol o rownd y byd i gyd, ac ambell un yn deud hwn a'r llall a Duw, dyma fi'n penderfynu deud y stori yma.

"Yes, I was held in Gaza last year."

"Oh, right. What happened there?"

Deud fy stori.

Wel, o'n nhw'n meddwl bod o'n *hilarious* bod rhywun oedd yn siarad Cymraeg wedi hyd yn oed mynd i Gaza heb sôn am y stori ei hun. Dyna fo. Aeth y stori allan a chael tipyn o *airings* dros y blynyddoedd pan o'n i'n mynd ar y cyrsiau.

Mae'r cyrsiau yn eich helpu chi i baratoi. Dwi'n cofio neud yr un cynta pan o'n i wedi bod 'nôl a mlaen i Bosnia fel io-io am flynyddoedd. Ar y diwrnod cynta dyma'r boi yn deud, "Right, hands up!" Oes unrhyw un wedi neud hwn a hwn? Dreifio o gwmpas *war zone* mewn car *soft top*? Peidio deud wrth neb ble dach chi wedi mynd? Roedd rhestr hir. Ac o'n i fel, "Yep, dwi 'di neud hwnna!"

O'n i'n *disaster zone in the making*! O'n i'n ticio'r bocsys i gyd!

Felly dach chi'n dysgu, ac o'n i'n cael darn o bapur i ddangos i'r cwmnïau mawr. Insiwrans ydy o, *basically*, ond mae o'n handi. Dach chi'n cael rhannu nodiadau efo newyddiadurwyr eraill a chlywed be sydd wedi mynd yn rong. Mae straeon anhygoel yn dod allan gan rai a dach chi'n dysgu rhywbeth.

Y peth mwyaf gwerthfawr maen nhw'n ei ddysgu i chi ydy'r First Aid. Bob pnawn mae 'na wersi cymorth cyntaf difrifol – sut i ddefnyddio *tourniquets* a stopio'r gwaedu mawr, sef yr unig anafiadau rwyt ti'n mynd i gael mewn ardal o frwydro, os ydy o'n mynd yn rong, rili. Felly roedd hwnna'n ddefnyddiol iawn.

★

Ddaru neb erioed fforsio fi i fynd i unrhyw le. Gaza, Affganistan, Irac, Somalia. Unrhyw le. O'n i wastad isio mynd. Dros y blynyddoedd bues i'n gweithio efo ITN a BBC a phobl eraill, a mynd i'r llefydd yna achos eu bod nhw'n gwybod 'mod i'n dryst i allu neud y gwaith pan o'n i yno.

Dwi'm yn gwbod os oedd o'n rhywbeth yndda i, ond ffilmio ffeithiol ydy'r rhan fwya o fy ngyrfa i wedi bod, ynghanol llefydd eitha heriol ar adegau. Dwi'n bendant wedi mwynhau, ond efallai dim 'mwynhau' ydy'r gair iawn. Ond yn sicr, yn gallu neud fy ngwaith ynghanol sefyllfaoedd anodd a thicio ambell i focs.

Do'n i byth rili'n trafod fy ngwaith ar ôl dod adre. Os oedd rhywun yn gofyn i mi sut oedd o wedi mynd, o'n i wastad yn ateb eu cwestiynau. Do'n i byth yn dod adre ac yn deud fy stori ac yn mynd allan a chael peint a deud y storïau i gyd ac yn bôrio pobl. Os o'n nhw'n gofyn, o'n i'n deud yn onest be oedd wedi digwydd. Os do'n nhw ddim, o'n i'n gadael pethau ar hynny.

O'n i wedi bod yn ffilmio efo Eifion yn Nablus unwaith, ar y Lan Orllewinol yn y Dwyrain Canol. Wythnos cyn Dolig oedd hi, flynyddoedd cyn y digwyddiad yna yn Gaza. Roedd 'na *siege* ymlaen drwy'r wythnos, ac o'n ni jyst yna, yn styc yn y lle.

Dyna un o wythnosau gwaethaf fy mywyd i, yn y bôn. Dwi'n cofio dod adre diwrnod neu ddau cyn Dolig yn hollol *knackered*. O'n i wedi blino ar bob lefel a des i adre a thaflu 'magiau ar lawr. O'n i heb gael wash iawn ers wythnos, felly es i eistedd yn y bath a daeth fy ngwraig i fewn i'r stafell. O'n i jyst yn eistedd yn y bath yn beichio crio achos o'n i wedi teimlo 'mod i wedi croesi llinell yn rhywle. O'n i mor falch i fod 'nôl yn rhywle normal. Ac roedd hi'n sbio'n hurt arna i. Na'th hi ddim holi, a bod yn deg. Ddaru hi jyst sbio'n hurt arna i a gadael i mi eistedd yn y bath yn crio.

Flynyddoedd wedyn es i i Affganistan. Ar y pryd, roedd y merched yn eu *teens* ac yn dechre dallt beth oedd ar y newyddion. A dwi'n cofio'r hyna yn deud wrtha i, "Paid â mynd, Dad."

Dwi'n ei chofio hi'n sefyll ar y grisiau. Ond o'n i allan drwy'r drws erbyn hynny. O'n i wrthi'n pacio'r car, a mynd 'nes i. Dwi'm yn gwbod ydw i wedi neud y penderfyniadau gorau dros y blynyddoedd yn deuluol. Do'n i ddim y tad na'r gŵr gorau. O'n i'n hunanol iawn dros y blynyddoedd yn mynd i'r llefydd o'n i isio mynd. Ond dyna be 'nes i, a fedra i'm newid hynny rŵan...

★

Wrth sbio ar y sefyllfa yn Gaza ar y foment, mae'n anodd. Roedd Mam yn heddychwraig fawr. Roedd hi wastad yn trio fy nghael i efelychu hynny a bod yn heddychlon fy hun. Dwi wedi gweld lot fawr o ryfeloedd a dwi wedi newid fy meddwl, i raddau. Mae o'n rhywbeth sy'n chwyrlïo yn dy ben a dy enaid di, yn enwedig wrth i ti fynd yn hŷn. Ond mae'r gyflafan yn Gaza ar hyn o bryd yn fy ngwylltio i. Yr anghyfiawnder mawr 'ma lle mae'r Iddewon yn deud wrth y Palestiniaid i symud i ardal benodol ac wedyn yn eu bomio nhw. Wedyn, maen nhw'n cael y rhyddid perffaith i gyfiawnhau hynny ar y newyddion. Dwi ddim yn gwybod sut rydan ni'n mynd i newid hynna, oherwydd mae gynnon nhw gefnogaeth yr Unol Daleithiau a Phrydain. Does neb yn deud wrthyn nhw i stopio.

Mae hyn yn hollol anghyfiawn ac mae'n rhaid iddo stopio. Ond fe eith ymlaen ac mae hynny yn fy nhristáu i.

Wrth edrych 'nôl ar fy mhrofiad i yn Gaza, ces i un o nosweithiau gwaethaf fy mywyd i, yn sicr. Dwi'n gobeithio na fydda i byth yn cael noson fel yna eto.

'Nes i ebostio Amjed Tantesh yn ddiweddar i ddiolch iddo fo unwaith eto. Basen i'n diolch iddo fo yn wythnosol am achub fy mywyd i. Hebddo fo, fasen i ddim yma, yn sicr.

Dwi'n falch iawn 'mod i wedi bod yno i gyfro'r stori flynyddoedd yn ôl ac wedi gallu byw i ddweud y stori wrthot ti heddiw.

# DIOLCHIADAU

Mae'r diolch pennaf i'r gohebwyr, Rachael, Siôn, Anna-Marie, Vaughan, Mai, Andy, Helen, Rhys, Nia, Aled, Elen Wyn a Rhodri. Roedd hi'n bleser ac yn fraint i'w holi ac i ysgrifennu eu penodau. Rwy'n ddiolchgar iawn iddyn nhw am eu hamser a'u hymddiriedaeth.

Rwy'n ddiolchgar iawn i'r holl gyd-weithwyr rwy wedi dysgu gymaint ganddyn nhw dros y blynyddoedd, o fy narlithwyr newyddiaduraeth yn Ryerson, Toronto, i fy nghyd-ddarlithwyr ym Mhrifysgol Caerdydd, a'r holl newyddiadurwyr a'r golygyddion yn y canol. Mae eich clywed chi'n trafod eich profiadau wrth ohebu a gweithio ym myd newyddiaduraeth dros y blynyddoedd wedi bod yn rhan fawr o ysbrydoli'r llyfr 'ma.

Diolch arbennig i John Roberts o gwmni Tonnau fu'n taro'i glust dros y pecynnau i gyd cyn iddyn nhw fynd ar y radio ac sydd wedi bod yn gyd-weithiwr hael, cefnogol, amyneddgar a charedig. Roedd hi'n bleser cydweithio ag e ar raglen *Bwrw Golwg* am bedair blynedd. Does dim modd i newyddiadurwr weithio'n effeithiol heb gefnogaeth golygydd da ac mae John yn un o'r gorau.

Diolch hefyd i'r comisiynwyr yn BBC Radio Cymru am eu cefnogaeth, yn enwedig Gruffudd Pritchard a Sioned Lewis.

Rwy'n ddiolchgar iawn i Lefi o'r Lolfa am gomisiynu ail lyfr ac yn falch iawn o'r cyfle i gael Meinir Wyn Edwards yn olygydd eto, fel gyda'r gyfrol gyntaf. Diolch enfawr am eich amynedd. Diolch i Sion Ilar am y clawr hefyd. Diolch yn fawr iawn i chi'ch tri.

I fy rhieni, bydda i wastad yn ddiolchgar am fy annog i sgwennu a gwneud i fi ddwli ar deithio, cwrdd â phobl newydd a dysgu am ddiwylliannau eraill. I fy mam am roi fy llyfr cyntaf gan newyddiadurwr, ac i fy nhad oedd yn dwli darllen straeon mawr y dydd bob dydd yn ddi-ffael.

Diolch enfawr hefyd i Hywel, Teilo a Llywelyn am fod yn deulu hollol lysh. I Teilo a Llew yn benodol am eu hamynedd wrth i fi sgwennu'r penodau pan ddylen i fod wedi bod yn eich cefnogi yn chwarae pêl-droed. I Hywel am adael i fi sgwennu wrth i fywyd teulu fynd yn ei flaen, ac am dy holl gefnogaeth bob amser.

A diolch i ti am brynu'r llyfr. Ie, ti sy'n darllen hwn nawr, ti'n seren.

Diolch.

# Y GOHEBWYR

**Aled Scourfield**

Mae Aled wedi bod yn newyddiadurwr ers bron i chwarter canrif ac wedi treulio cyfnodau yn gweithio i raglenni materion cyfoes a newyddion dyddiol. Mae'n ohebydd ardal gorllewin Cymru ers 2007. Cafodd ei eni yng Nghaerdydd a'i fagu ym mhentref Sully ym Mro Morgannwg. Enillodd radd Dosbarth Cyntaf mewn Gwleidyddiaeth ym Mhrifysgol Aberystwyth, cyn astudio Diploma Ôl-raddedig mewn Newyddiaduraeth Darlledu ym Mhrifysgol Caerdydd gan ennill gradd Rhagoriaeth. Mae wedi gohebu ar sawl stori fawr, gan gynnwys llofruddiaethau Sir Benfro ac achos John Cooper, a llofruddiaeth April Jones. Mae'n gyn-chwaraewr rygbi amatur brwd, a bu'n cynrychioli Clwb Rygbi Cymry Caerdydd yn y brifddinas a Chlwb Rygbi Crymych yn Sir Benfro fel prop pen tyn. Erbyn hyn, mae'n byw ym Mynachlog-ddu gyda'i wraig Bethan sy'n feddyg teulu, a'i ddwy ferch sy'n ddisgyblion yn Ysgol Bro Preseli.

**Andy Bell**

Mae Andy Bell yn rhannu ei enw â newyddiadurwr arall sy'n gweithio i Sianel 5. Ond does neb arall cweit fel Andy. Yn wreiddiol o Sir Gaerhirfryn yn Lloegr, fe ddysgodd Gymraeg ar ôl dod ar draws rhaglen deledu ar BBC ar hap pan oedd yn blentyn. Bu'n gohebu i Darlledu Caerdydd/ CBC, Sain Abertawe a'r BBC cyn symud i Awstralia yn ddyn ifanc, a pharhau ei yrfa newyddiadurol yno gan weithio i ABC News ac SBS a dyrchafu i fod yn uwch-gynhyrchydd newyddion mewn tri rhanbarth – New South Wales, Victoria a'r ACT sef Tiriogaeth Prifddinas Awstralia – cyn ymddeol. Mae'n llais cyfarwydd ar raglenni'r BBC ar faterion Awstralaidd ac mae'n parhau i newyddiadura ar ei bodlediad bywiog, *Rhaglen Cymru*.

**Anna-Marie Robinson**

Cynhyrchydd cyfresi teledu ffeithiol o Ddyffryn Nantlle yw Anna-Marie Robinson. Mae ganddi dros 30 mlynedd o brofiad ym maes teledu a radio ac roedd hi'n un o'r tîm o newyddiadurwyr rhaglen *Taro 9* BBC Cymru fu'n allweddol yn dadorchuddio sgandal y swyddfa bost. Y rhaglen hon oedd y gyntaf i recordio cyfweliad ag Alan Bates sydd bellach yn enwog am ei waith yn ymgyrchu dros hawliau'r Is-bostfeistri gafodd eu cyhuddo ar gam. Yn arbenigo mewn newyddiaduraeth ymchwiliadol, mae Anna-Marie wedi gweithio ar raglenni trosedd, gan gynnwys *Murder in the Valleys* a *Six Silent Killings: Ireland's Vanishing Triangle* i Sky Docs. Roedd ei chyfres ddiweddaraf i S4C, *Ar Brawf*, wedi derbyn clod uchel.

**Elen Wyn**

Cofi sy'n ohebydd patsh yn nwyrain Cymru ar ran y BBC yw Elen Wyn. Mae'n adnabyddus am newyddiaduraeth sy'n adlewyrchu profiadau pobl mewn modd teimladwy a gofalus. Yn ddiweddar bu'n gweithio i dîm *BBC Wales Investigates* gan deithio i Wcráin ar gyfer un ymchwiliad, a hefyd ddadorchuddio methiannau'r awdurdodau yn ymwneud â'r prifathro Neil Foden yng Ngwynedd. Yn ogystal â gohebu ar y diweddara o'i hardal ers dros ugain mlynedd, mae hi hefyd wedi cyhoeddi tair nofel, sef *Edau Bywyd*, *Aderyn Prin* a *Bwrw Dail*. Mae'n byw gyda'i gŵr yn Llanelwy ac yn fam a llys-fam i bump o blant.

**Helen Llewelyn**

Cynhyrchydd a chyfarwyddwr cyfresi ffeithiol yw Helen Llewelyn. Yn wreiddiol o Geredigion, mae hi a'i gŵr Guto wedi symud 'nôl i'r gorllewin i fagu eu merch fach, Cadi. Mae wedi ennill gwobrau am ei gwaith, gan gynnwys Gwobr RTS Cymru am raglen *Y Byd ar Bedwar* yn 2020, ac enwebiad RTS Cymru a Bafta Cymru 2022 am y ddogfen am lofruddiaeth erchyll Mike O'Leary, *No Body Recovered*, i ITV1. Mae'n fwy cyfforddus y tu ôl i'r camera nag o'i flaen ac yn gwybod sut i ddweud stori dda.

## Mai Davies

Wedi ei geni yng Nghaerfyrddin, merch o Ben-bre ger Llanelli yw Mai. Dechreuodd ei gyrfa newyddiadurol gyda HTV yng Nghaerdydd, ond wedi iddi fynd yn llawrydd bu'n gweithio i nifer o ddarlledwyr, gan gynnwys Channel 5, BBC Radio 4, BBC 5 Live, BBC World Service a bu'n cyflwyno rhaglenni dyddiol Sky News am gyfnod hefyd. Roedd hi'n un o brif gyflwynwyr *Good Evening Wales* i BBC Cymru pan ddigwyddodd trychineb Glofa'r Gleision. Erbyn hyn, mae'n byw yn Llundain ac yn rhannu ei chrefft o gyfathrebu gyda chwmnïau mawr fel hyfforddwr a siaradwr gwadd.

## Nia Thomas

Un o Lannerch-y-medd ar Ynys Môn yw Nia yn wreiddiol. Mae'n byw ar fferm yn ardal ei mebyd ac yn uchel ei pharch am ei gwaith yn gohebu ar y byd amaeth yng Nghymru. Mae hi'n un o gyflwynwyr *Y Post Prynhawn* ar BBC Radio Cymru ac yn gohebu yn achlysurol i raglen *Ffermio* ar S4C. Mae wedi gohebu ar sawl stori fawr dros y blynyddoedd, ond roedd gohebu ar glwy'r traed a'r genau dros gyfnod o fisoedd yn rhinwedd ei swydd fel gohebydd materion gwledig cyntaf BBC Cymru, ac yna dilyn yr holl ddatblygiadau o ran effaith y cyfnod hwnnw, wedi aros yn y cof.

**Rachael Garside**

Newyddiadurwraig o Gaerdydd sydd ar hyn o bryd yn rhedeg tafarn yn Felingwm, Sir Gaerfyrddin, yw Rachael. Ar ôl cyfnod yn cyflwyno a gohebu i raglen *Wales Today*, bu'n cyflwyno rhaglen *Ffermio* am wyth mlynedd a hefyd yn cyflwyno *Country Focus* ar BBC Radio Wales. Gadawodd newyddiaduraeth i redeg tafarn y Plough gyda'i phartner, Joe. Mae'r ddau nawr yn barod am yr antur nesaf.

**Rhodri Llywelyn**

Bachan o Gaerdydd yw Rhodri. Aeth i Brifysgol Bryste cyn dechrau'i yrfa ddarlledu ar y rhaglen *Heno* yn Llanelli. Mae'n un o dîm cyflwyno *Newyddion S4C* a *Dros Ginio* ac yn aml yn gohebu ar straeon tramor. Mae wedi gohebu o Israel, Wcráin, Affganistan, America ac Awstralia ymhlith llefydd eraill. Yn ddiweddar bu'n gohebu ar farwolaeth y Pab Ffransis yn y Fatican. Mae'n briod â Catrin ac yn dad i dri o blant. Mewn cyfweliad â'r BBC un tro fe ddisgrifiodd ei hun mewn tri gair fel 'cydwybodol, egwyddorol a moel.'

**Rhys Williams**

Cafodd Rhys ei eni yn Llundain a'i fagu yn Wrecsam gan ei fam a'i nain. Daeth yn ymwybodol o anghyfiawnderau cymdeithasol yn gynnar gan fod ei fam yn heddychwraig a fu'n protestio dros CND yn gyson. Un o'r llefydd cyntaf iddo ffilmio dramor oedd yng Ngogledd Iwerddon yn ystod y gwrthdaro yno. Bu hefyd yn ffilmio yn Bosnia cyn i gyrsiau hyfforddi Hostile Environment gael eu cyflwyno i weithwyr cyfryngol. Bu'n ffilmio hefyd ar ei liwt ei hun ar ran mudiadau dyngarol ar draws y byd, cyn gwneud enw iddo'i hun fel gweithiwr camera dibynadwy ac ymroddgar. Mae wedi ffilmio ar ran S4C, BBC ac ITV o argyfyngau ar draws y byd, gan gynnwys Ethiopia, Sudan, Affganistan, Pacistan i enwi dim ond rhai. Mae wedi ennill gwobrau am ei waith, yn eu plith gwobrwyon RTS a Rory Peck Trust. Mae hefyd yn llythyru'n gyson â dyn ar Death Row yn America. Mae'n dad i ddwy o ferched ac yn byw yng Nghaerdydd gyda'i wraig.

**Siôn Jenkins**

Un o Sir Benfro yw Siôn, ac mae'n falch o fod â rhan yn normaleiddio tafodiaith Sir Benfro ar S4C. Ar ôl graddio mewn ieithoedd tramor, dechreuodd gyrfa Siôn gydag ITV Cymru. O fewn misoedd o ddechrau ei waith, daeth yn gyflwynydd *Hacio*, cyn dod yn gyflwynydd *Ein Byd* yn 2017 – rhaglen oedd yn torri cwys newydd ar S4C drwy ohebu ar faterion dadleuol oedd heb gael sylw yn y fath fodd o'r blaen. Mae'n dal i ohebu ar straeon anodd fel prif gyflwynydd *Y Byd ar Bedwar*, ac i raglenni newyddion ITV Cymru. Mae hefyd newydd ddod yn gyflwynydd rhaglen drafod S4C, *Pawb a'i Farn*. Mae wedi ennill sawl gwobr am ei newyddiaduraeth; y ddiweddaraf oedd gwobr RTS Cymru am ei raglen *Y Byd ar Bedwar: Y Daith i Rwanda*. Mae'n llefarydd o fri, yn gyn-enillydd Gwobr Goffa Llwyd o'r Bryn, yn mwynhau teithio, a'i dric parti yw gallu ateb unrhyw gwestiwn am y gyfres *Stars in their Eyes*!

**Vaughan Roderick**

Prin fod llais mwy uchel ei barch ar faterion Cymreig yng Nghymru na Vaughan Roderick. Mae'n cyflwyno *Sunday Supplement* ar BBC Radio Wales ar fore Sul a *Dros Ginio* i BBC Radio Cymru. Bu'n olygydd materion Cymreig i BBC Cymru wedi iddo gyflwyno rhai o brif raglenni'r gorfforaeth, o *Wales Today* i *Newyddion*, *CF99*, *Dau o'r Bae* a rhagor. Collodd ei goes wedi cael diagnosis o ganser yng nghanol y pandemig ac mae wedi siarad yn gyhoeddus am addasu ei fywyd ers hynny. Gwleidyddiaeth yw ei ddiléit ac mae wedi gohebu ar bron pob stori wleidyddol fawr ers degawdau, ond, yn y gyfrol hon, achos llys anghofiedig o'r 1980au sy'n mynd â'i sylw. Achos llys oedd hwn a gafodd effaith bellgyrhaeddol ar gymdeithasau Cymru am flynyddoedd i ddod.

Hefyd o'r Lolfa:

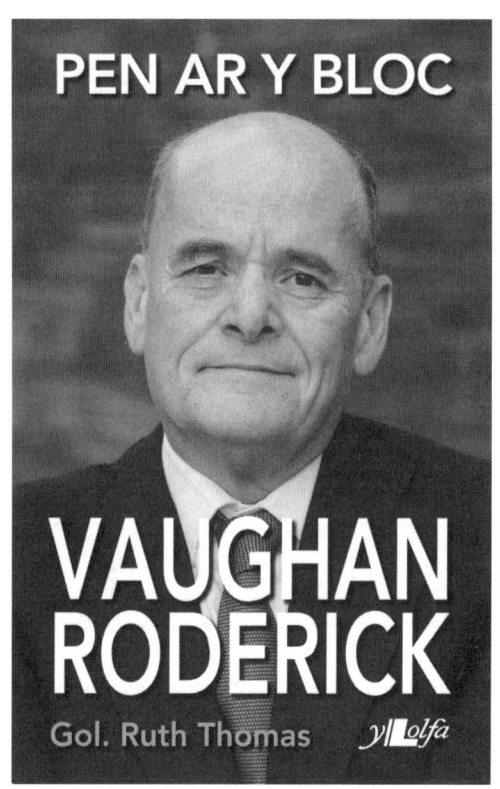

£14.99

# DROS GYMRU'N GWLAD

## HANES SEFYDLU PLAID GENEDLAETHOL CYMRU

ARWEL VITTLE · GWEN ANGHARAD GRUFFUDD

£14.99